LENGUAJE CORPORAL

Una guía para dominar el lenguaje corporal y ser más exitoso

(Guía para la interpretación de la comunicación no verbal)

Atilio Mata

Publicado Por Daniel Heath

© **Atilio Mata**

Todos los derechos reservados

Lenguaje corporal: Una guía para dominar el lenguaje corporal y ser más exitoso (Guía para la interpretación de la comunicación no verbal)

ISBN 978-1-989853-26-9

Este documento está orientado a proporcionar información exacta y confiable con respecto al tema y asunto que trata. La publicación se vende con la idea de que el editor no esté obligado a prestar contabilidad, permitida oficialmente, u otros servicios cualificados. Si se necesita asesoramiento, legal o profesional, debería solicitar a una persona con experiencia en la profesión.

Desde una Declaración de Principios aceptada y aprobada tanto por un comité de la American Bar Association (el Colegio de Abogados de Estados Unidos) como por un comité de editores y asociaciones.

No se permite la reproducción, duplicado o transmisión de cualquier parte de este documento en cualquier medio electrónico o formato impreso. Se prohíbe de forma estricta la grabación de esta publicación así como tampoco se permite cualquier almacenamiento de este documento sin permiso escrito del editor. Todos los derechos reservados.

Se establece que la información que contiene este documento es veraz y coherente, ya que cualquier responsabilidad, en términos de falta de atención o de otro tipo, por el uso o abuso de cualquier política, proceso o dirección contenida en este documento será responsabilidad exclusiva y absoluta del lector receptor. Bajo ninguna circunstancia se hará responsable o culpable de forma legal al editor por cualquier reparación, daños o pérdida monetaria debido a la información aquí contenida, ya sea de forma directa o indirectamente.

Los respectivos autores son propietarios de todos los derechos de autor que no están en posesión del editor.

La información aquí contenida se ofrece únicamente con fines informativos y, como tal, es universal. La presentación de la información se realiza sin contrato ni ningún tipo de garantía.

Las marcas registradas utilizadas son sin ningún tipo de consentimiento y la publicación de la marca registrada es sin el permiso o respaldo del propietario de esta. Todas las marcas registradas y demás marcas incluidas en este libro son solo para fines de aclaración y son propiedad de los mismos propietarios, no están afiliadas a este documento.

TABLA DE CONTENIDO

Parte 1 1

Capítulo 1 – Entendiendo Las Posturas Negativas Y Positivas 4

Capítulo 2 – Mira Cómo Reaccionan Las Personas A Ciertos Tipos De Lenguaje Corporal 7

Capítulo 3 – Establezca Un Objetivo Para La Imagen Que Desea Proyectar 10

Capítulo 4 – Practique Escenarios Ante El Espejo 13

Capítulo 5 – Entrena Tu Cuerpo A Reaccionar Positivamente 16

Capítulo 6 – Aprenda A Derribar El Muro De Alguien Con Posiciones Corporales Positivas 19

Capítulo 7 – Entendiendo La Importancia De La Simetría .. 22

Capítulo 8 – Entendiendo La Importancia De Conectarse Con La Otra Persona 25

Capítulo 9 – Lo Que Puedes Obtener Con Un Lenguaje Corporal Incorrecto 28

Capítulo 10 – Las Diferentes Etapas 30

Capítulo 11 –El Lenguaje Corporal Agresivo 33

Capítulo 12 – Lenguaje Corporal De Atención 37

Capítulo 13 - Lenguaje Corporal De Bloqueo O Cerrado 39

Capítulo 14 - Lenguaje Corporal Engañoso 44

Capítulo 15 - Lenguaje Corporal Defensivo 50

Capítulo 16 –Lenguaje Corporal Dominante 53

Capítulo 17 –Lenguaje Corporal Emocional 57

Capítulo 18 –Lenguaje Corporal De Evaluación 62

Capítulo 19 –Lenguaje Corporal De Saludo 64

Capítulo 20 –Lenguaje Corporal Abierto 70

Capítulo 21 - Lenguaje Corporal Relajado 72

Capítulo 22 - Lenguaje Corporal De Poder 73

Capítulo 23 –Lenguaje Corporal Preparado....................... 77

Capítulo 24 –Lenguaje Corporal Romántico 79

Capítulo 25 –Lenguaje Corporal De Sumisión 82

Conclusión 84

Parte 2 86

Introducción 87

Capítulo 1: Suhistoria Y Antecedentes 99

Capítulo 2: ¿Cómo Puedo Utilizar Este Conocimiento?.... 111

Capítulo 3: Evolución Y Naturaleza 146

Capítulo 4: Factores Que Pueden Afectar La Interpretación 160

Capítulo 5: Traduciendo El Lenguaje Corporal................. 172

Capítulo 6: ¿Cómo Ayuda La Meditación Al Lenguaje Corporal?... 186

Conclusión 190

Parte 1

Existen numerosos tipos de comunicación y, de vez en cuando, el lenguaje corporal de una persona puede mostrar un número de cosas mucho más evidente que la palabra hablada. Descubrir cómo comprender el lenguaje corporal puede ser excepcionalmente rentable tanto en el lugar de trabajo como en un aspecto más íntimo. El lenguaje corporal descubre sentimientos y respuestas individuales a las emociones de otros individuos. Sin embargo, actualmente parece que no se puede demostrar que sea una ciencia y no es un indicador genuino de nada, ya que puede ser controlado regularmente.

Lo Básico

La mayoría de las personas con capacidad utilizan este tipo de lenguajeno hablado para tomar decisiones significativas y han resultado ser un método extremadamente viable para obtener y dar tipos de información. Unos pocos califican cualquier movimiento del cuerpo como para ser consideradodentro de la categoría de desarrollo corporal; mientras que otros van mucho más lejos al afirmar que también pueden incluirse las estrategias de respiración.

Cuando se tiene una reunión con alguien, con frecuencia es una ventaja tener la capacidad de leer las señales del lenguaje corporal para evaluar a la persona o la circunstancia.

Sin embargo, de nuevo, puede que no sea el enfoque más idóneo para formular una opinión a la luz del hecho de que, como se dijo antes, el lenguaje corporal puede ser controlado. El oficio del lenguaje corporal siempre se intercambia y descifra entre individuos en varios niveles de correspondencia electiva.

Mientras que un individuo está atrapado leyendo el lenguaje corporal de aquellos con quienes está interactuando, la contraparte, también lee el lenguaje corporal de la otra persona. Las personas que manejan el método de leer las señales del lenguaje corporal de manera confiable tienen una posición de ventaja frente a cualquier circunstancia, sin embargo, tener algún conocimiento sobre este asunto sería un buen comienzo.

Capítulo 1 – Entendiendo las Posturas Negativas y Positivas

Si su objetivo final es tener la capacidad de leer los diferentes tipos de lenguaje corporal de una manera razonablemente precisa, primero debe tener un conocimiento fundamental de todas las posturas existentes y sus significados, de manera que puedan ser leídas anticipadamente.

Los pospuestos

Si la actitud de una persona quiere representar seguridad y positividad, su lenguaje corporal debe mostrar un caminar enérgico y erguido. Esta actitud demuestra efectivamente una imagen y mentalidad de alguien comprometido y mucha seguridad de sí mismo.

La postura ejemplar de la mano en la cadera y las piernas ligeramente separadas, es común de los individuos que intentan representar algún tipo de autoridad, y realmente se lee como una persona preparada para cualquier respuesta externa y posibles inclinaciones hostiles. También puede ser utilizada como una herramienta de intimidación.

Sentarse con las piernas algo separadas para los hombres indica seguridad y una actitud excepcionalmente casual. Esta lectura del lenguaje corporal se aplica también a sentarse con las manos unidas detrás de la cabeza como si fuera relajante y con las piernas cruzadas o extendidas.

La postura de la palma de la mano abierta indica veracidad, receptividad y falta de culpa, al igual que una simple sonrisa leve o un ligero arqueo de la boca.

Con respecto a las señales del lenguaje corporal negativo, penosamente hay mucho que conocer y son realmente sencillas de percibir y descifrar. Por ejemplo, sentarse con las piernas cruzadas y patear con el pie de manera marginal implica inequívocamente cansancio, mientras que los brazos cruzados en el pecho describen a una persona en postura defensiva.

Pasear con las manos en los bolsillos y los hombros encorvados, es una señal lógica de desaliento. Tocar o frotarse un poco el área de la nariz se lee generalmente como desidia, incertidumbre o falsedad. Frotarse el ojo imprudentemente sin duda podría significar básicamente cansancio o sensación de letargo, o demuestra interna o externamente incertidumbre y escepticismo.

La indignación y la insatisfacción generalmente se demuestran por la postura de manos atadas detrás de la espalda y una posición firme de la columna vertebral. A veces, la preocupación también está representada por este tipo de postura.

Capítulo 2 – Mira Cómo Reaccionan las Personas a Ciertos Tipos de Lenguaje Corporal

Debemos estar conscientes que tener la capacidad de leer las diferentes señales no verbales que los individuos emiten siempre como lenguaje corporal es una cosa excepcionalmente favorable. Afortunadamente, no es tan difícil de hacer, y algunas personas son incluso fáciles de leer, ya que son extremadamente abiertas y expresivas.

Observe

Sin embargo, descubrir cómo prestar atención a estas actitudes, a veces extremas y discretas, requiere de cierta capacitación y comprensión. Las personas que no están en sintonía con su entorno tienen menos probabilidades de ser delicadas con el lenguaje corporal. Estar pendiente y anticipar las diferentes respuestas del cuerpo tendrá en cuenta una mayor comprensión del individuo o circunstancia.

La mayoría de las respuestas se pueden clasificar inequívocamente en dos tipos. La respuesta positiva y la respuesta negativa, sin embargo, las explicaciones en general pueden no ser tan exactas como se cree.

Por ejemplo, pararse más cerca de alguien podría ser interpretado como una acción agradable y familiar con dicho individuo, mientras que la acción de alejarse podría ser vista como algo distante o básicamente menos agradable, o no tener ningún deseo de mantener una relación más cercana con la contraparte.

A pesar de que todas estas lecturas se puedan considerar "constantes", podrían ser completamente erróneas por diferentes razones más sutiles, como por ejemplo, que la fragancia o el aroma utilizado por un individuo sea abrumador y, por lo tanto, muy inquietante.

Otra señal de lenguaje corporal

normalmente interpretada es la respuesta al ser abrazado o besado. Este acto en específico demuestra inequívocamente carácter en el individuo o su ausencia. Al tener la capacidad de leer esto, quienes le rodean pueden dar continuidad a la acción o utilizar un tipo de contacto corporal más reservado.

Cuando se intenta medir una circunstancia o rasgo entre una reunión de varias personas, las respuestas habladas o inferidas a través del lenguaje corporal son excepcionalmente útiles.

El lenguaje corporal del recién llegado a la reunión se verá reflejado, además, en las respuestas correspondientes de los asistentes.

Capítulo 3 – Establezca un Objetivo para la Imagen que Desea Proyectar

La mayoría de las personas llegan a un punto en su vida en el que desean implementar una mejora completa para emitir una nueva imagen. Después de ser aquel viejo cuadro antiguo durante tanto tiempo y adaptarse a una forma de vida tan agotadora, el cambio es más que bienvenido.

Llevándolo a cabo

Para que podamos alcanzar el propósito final del cambio de imagen en uno mismo, debe existir un objetivo elemental para comenzar a trabajar. Esto es, para garantizar que la actividad esté efectivamente concluida hasta el final. Una de las áreas en que vale la pena concentrarse son el estilo personal, la elección de la ropa, las condiciones corporales individuales son solo un par de cosas por mencionar.

Cambiar el estilo de un individuo es a menudo el objetivo principal a lograr en una transformación general. El lenguaje corporal general constante debe tener la capacidad de ser complementado con el cambio o alteración del estilo individual.

Tener un estilo individual decente a la larga, aumentará su capacidad de hacer contacto visual de una manera segura y, en ese sentido, también representará confianza en el lenguaje corporal.

La forma de vestir de un individuo también está relacionada con su personalidad y el lenguaje corporal que practica. Las personas que, en su mayor parte, quieren vestirse cómodamente, dan la impresión de estar calmados cuando se combinan con el lenguaje corporal relacionado de un personaje muy relajado.

Por el contrario, los individuos que siempre están perfectamente vestidos tienen un lenguaje corporal bastante sólido. Ante la posibilidad de que el pensamiento sea más profesional en su comportamiento, entonces la imagen equivalente debería ampliar esto.

Para algunos, el hábito de una desdeñada vestimenta y aseo personal es un estándar. Ante la posibilidad de que exista algún tipo de colaboración con otros individuos, particularmente de una manera más acogedora, entonces el problema de la vestimenta y aseo personal debe ser atendido.

Tener una imagen del resultado que se espera como propósito principal, es el paso inicial para realmente considerar y cambiar la disposición general de la persona a través de señales de lenguaje corporal nuevas y más adecuadas.

Capítulo 4 – Practique Escenarios ante el Espejo

Hoy en día casi todo es completamente confiable y para la mayoría; esta forma de entender a las personas no solo es útil, sino también rápida. Sin embargo, el riesgo es que se pueden leer las interpretaciones erróneas y, en consecuencia, se crean pensamientos erróneos.

Practica

La vida se asemeja a un teatro y al salir a la calle, todos deben actuar. Una gran cantidad de personas tienen la propensión de afinar algunas posturas de lenguaje corporal ante un espejo. Este es un método aceptable para percibir lo que otros individuos están viendo y para implementar las mejoras esenciales a fin de garantizar que los mensajes correctos se están transmitiendo a través del lenguaje corporal utilizado.

Ensayar escenas ante el espejo también

hace que la persona que esté experimentando, adquiera confianza en los escenarios que practique. Esto garantiza aún más que el desarrollo corporal y facial represente los resultados esperados y no se confunda.

De vez en cuando, las personas representan accidentalmente el polo opuesto de lo que realmente desean transmitir y esto puede causar problemas innecesarios para todas las personas involucradas. El lenguaje corporal es una forma de transmitir un mensaje sin pretensiones, y es necesario asegurarse de que el mismo no se espere ni se asuma.

De este modo, al ensayar las distintas posturas y articulaciones ante un espejo, el cerebro puede disipar realmente lo que el ojo ve.

Una vez que la lectura esperada del lenguaje corporal y las formas faciales sean logradas, el individuo tendrá la capacidad de disfrutar de una confianza recién descubierta en tiempo real y en el momento elegido. Esta confianza es evidente sobre la base de que la conciencia interna 'ha estado al tanto del ejemplo de seguridad que se muestra en el espejo. Intuitivamente, el individuo resulta ser más consciente de la "nueva" imagen en lugar de la imagen "antigua" cuando realmente interpreta al personaje que se practica.

Capítulo 5 – Entrena tu Cuerpo a Reaccionar Positivamente

Está sólidamente establecido que el lenguaje corporal es una forma de evidencia crítica de las emociones comunicativas y las respuestas al entorno. Además, se estableció previamente la forma en que el lenguaje corporal también puede controlarse hasta una posición favorable o condiciones requeridas.

La manera correcta

Aquí hay algunas áreas donde uno puede preparar o controlar el cuerpo para responder de cierta manera, teniendo en cuenta como objetivo final,el lograr los resultados esperados.

• Contacto visual: este es un punto de vista crítico al que se debe acceder cuando se administran personas. Garantizar una conexión constante de ojo a ojo permite al receptor garantizar que existe cierto nivel de entusiasmo por lo que se está examinando. Independientemente de si es falsa o no, la conexión ojo a ojo es algo que vale la pena descubrir. Asimismo, influye en el receptor para sentirse más relajado y positivo sobre la circunstancia.

• El porte es otra característica2 esencial del cuerpo que maneja no solo el sentimiento real de cansancio y agotamiento, sino que además hace que estas emociones se muestren físicamente. Esto se espera de los individuos de hombros encorvados o caídos. Además, las posiciones encorvadas contribuyen al obstáculo de una buena y profunda relajación. Esto dará la impresión de ser incómodo o aprensivo.

• Usar posiciones de la cabeza para dirigir el mensaje del lenguaje corporal aparente es otro método convincente para hacer que una circunstancia sea agradable o incómoda. Inclinar la cabeza ligeramente mientras habla o escucha sugiere una manera benevolente, mientras mantiene la cabeza recta y alineada con la espalda y la columna vertebral infiere seriedad e incluso irritación.

• El cruce prominente de brazos demuestra claramente insatisfacción desde el principio. Usualmente hecho desde una posición de autoridad, aconseja a todos a retroceder y dar espacio individual. Por otra parte, las manos que cuelgan libremente o se mantienen detrás de la espalda sugieren estar a cargo y prepararse para enfrentar cualquier cosa, lo cual es un lenguaje corporal decente que se crea para extender los efectos deseados.

Capítulo 6 – Aprenda a Derribar el Muro de Alguien con Posiciones Corporales Positivas

En momentos en que la correspondencia verbal no funciona, uno necesita descubrir diferentes opciones para transmitir el mensaje de manera adecuada y rápida. Todo el mundo tiene sus propios métodos particulares inconfundibles para transmitir todo lo que necesita ser transmitido y las personas que conocen las señales del lenguaje corporal no tendrán problemas para descifrarlos.

La forma de entrar

Cuando se tiene como objetivo, hacer una circunstancia agradable o mejorar una circunstancia generalmente incómoda, la utilización de diferentes posiciones del lenguaje corporal pueden ayudar. Estas diferentes posiciones se utilizan para hacer la distinción deseada en la forma en que las personas reciben los mensajes sugeridos, el temperamento general del destinatario o incluso para lograr una estabilidad en los demás.

Algunas posturas corporales generalmente afiladas y sugeridas que pueden ayudar a mantener a los que se sienten tranquilos y mucho más felices son las siguientes:

• Sonreír, esto rara vez trae una reacción o respuesta negativa. La gran mayoría cambiará rápidamente su respuesta negativa a una positiva, cuando se anuncie una sonrisa. Es difícil reaccionar ante una sonrisa con una respuesta negativa brutal.

• La forma de sentarse es también otro enfoque para "sacudir" cualquier componente negativo tanto en el individuo como en los que lo rodean. Dando la impresión de ser casual, en una medida exacta, el individuo tendrá la facultad para desactivar a cualquier persona con actitudes de respuestas sensibles. Además, insta a quienes le rodean a ser tan vivaces como sea posible con una posición recta.

- Al actuar de manera pausada y en el momento específico, el individuo está creando una sensación de calma y tranquilidad a su alrededor. Esto animará aún más a los que están alrededor a estar relajados y sueltos de manera similar.

Todas estas sugerencias, cuando se incorporan con frecuencia hasta el punto de que se convierta en algo habitual, causará que quienes están a nuestro alrededor también se vean decididamente influenciados. En la medida en que esto se perfecciona, las probabilidades de conflicto se reducen y se mantienen bajo control.

Capítulo 7 – Entendiendo la Importancia de la Simetría

Lograr la simetría en la vida es un objetivo por el que vale la pena trabajar. En la vida todo debe tener un nivel de equilibrio. La simetría se hace mucho más indispensable, para aquellos individuos donde su oficio más la exige; tales como artesanos, coreógrafos y matemáticos.

Equidad

Para el individuo, sin embargo, esto es algo más que un balance. Pasando por la regla general de que en todo hay una acción y una respuesta sería un enfoque menos difícil para ayudar a aclarar este término sugerido. Tener la capacidad de responder o causar una respuesta específica es, de alguna manera, practicar cierto control sobre el resultado de cualquier circunstancia dada.

Ante la posibilidad de que un individuo desee participar en una situación en la que el resultado sea ventajoso para todos, en ese punto el lenguaje corporal importante debe ser comprometido y particularmente sintonizado con dicho resultado. La reacción a los diversos lenguajes corporales ensayados y dispuestos debe tener el objetivo de lograr cierto nivel de simetría en su transmisión.

En algunos casos, o incluso en la mayoría de las circunstancias, la simetría de cualquier circunstancia debe corregirse con un objetivo final específico para captar la reflexión propuesta o deseada.

Cuando se requiera que una respuesta simétrica sea certera, la articulación del lenguaje corporal debe hacerse de una manera que atraiga un resultado similar, inteligente y positivo.

Transmitir las señales corporales que representan una emanación positiva a menudo tendrá la capacidad de lograr el resultado positivo que es simétrico por naturaleza. Lo mismo se aplicaría al lenguaje corporal producido de manera opuesta.

De hecho, la estructura simétrica se puede clasificaren cuatro tipos, que son simetría, simetría de reflexión, simetría de interpretación y simetría de reflexión deslizante. Estas pueden relacionarse y reflejarse en los diferentes tipos de lenguaje corporal.

Capítulo 8 – Entendiendo la Importancia de Conectarse con la Otra Persona

En todos los entornos, la gran mayoría hace un especial esfuerzo para ser complaciente y responder a las necesidades de los demás. Sorprendentemente, esto se ha convertido gradualmente en una necesidad que debe ser perfeccionada.

Algunas sugerencias

Hoy en día, en las diferentes situaciones bulliciosas y egocéntricas, las personas pierden de vista el hecho de que sus actividades individuales y su manera de hablar no solo influyen en sí mismas, sino que también influyen en quienes le rodean.

A veces, los resultados son tan expansivos, que a menudo es difícil ver cómo una actividad o palabra que se considera un movimiento irrelevante puede tener un impacto sorprendente.

El lenguaje corporal puede tener este resultado inteligente poco común. Lo más importante es llevar al tope de nuestras prioridades, la noción de que cualquier lenguaje corporal que se practique tendrá alguna respuesta u otra.

De esta manera, la idea detrás del acto de controlar los desarrollos esperados del lenguaje corporal debería ser, de manera confiable, acumular los resultados positivos planificados.

Hacer una circunstancia agradable o incómoda, de forma deliberada o inadvertida es precisamente el pensamiento detrás de intentar coordinar a los demás a través del lenguaje corporal.

Esta es una herramienta convincente que, de vez en cuando, es considerablemente más exitosa que la utilización de la energía de las palabras. Se ha dicho, en broma o con seriedad, que "el aspecto puede matar" o "las acciones hablan más que las palabras". Aunque la última no hace mucho o no alude particularmente a las actividades reales, hay algunos matices que se pueden conectar a ella.

Al considerar con frecuencia las acciones y prácticas del lenguaje corporal, es beneficioso en un grado específico, ya que esto es sin duda un instrumento extremadamente poderoso para utilizar tanto en la vida personal como profesional.

En entornos sociales, la utilización y el control del lenguaje corporal para acumular la reacción inteligente esperada se basa especialmente en el estilo de ejecución de dicho lenguaje corporal.

Capítulo 9 – Lo que Puedes Obtener con un Lenguaje Corporal Incorrecto

Regularmente, las personas no entienden el efecto del lenguaje corporal y sus resultados en cualquier circunstancia o situación específica.

Algunos hechos

Mucha gente acaba fácilmente el día sin que esta realidad salga a la luz. Sin embargo, para el observador y algunos astutos conspiradores, la utilización intencional del lenguaje corporal en el día a día ha acabado siendo un dispositivo significativo, poderoso y útil.

Afinar estas habilidades para estar consciente de este instrumento excepcionalmente poderoso es una habilidad que vale la pena desarrollar. Sin embargo, la utilización incorrecta o subliminal del dispositivo de lenguaje corporal puede lograr resultados inútiles y, en algunos casos, irritantes. La utilización inadecuada del lenguaje corporal puede generar respuestas y reflexiones que no son requeridasni necesarias y, de esta manera, son una molestia increíble, tanto para la persona que usa el lenguaje corporal como para el receptor aparente. Tal distorsión puede terminar causando las respuestas planeadas relativamente inversas.

Particularmente en las relaciones cuando se practica y se proyecta un lenguaje corporal especialmente honesto, los resultados de dichas actividades pueden verse con frecuencia erróneamente, provocando el procedimiento excepcionalmente confuso de intentar "rectificar" todo. También en los negocios, una impresión errónea del lenguaje corporal puede causar resultados extremadamente perjudiciales. De esta manera, es razonable practicar para estar siempre al tanto del lenguaje corporal sugerido y ensayado. Esto es importante para mantener una distancia estratégica de cualquier carga inútil que suceda.

Capítulo 10 – Las Diferentes Etapas

Desde las etapas más tempranas de nuestras vidas, comenzamos a utilizar el lenguaje corporal para expresar nuestras necesidades y sentimientos, es el medio por el cual descubrimos cómo cumplir nuestras necesidades. Mientras descubrimos cómo hablar, seguimos utilizando una progresión de señales del lenguaje corporal para interactuar, satisfacer una necesidad o demostrar que sentimos que aún no estamos listos para expresar verbalmente. En la remota posibilidad de que, mientras seamos jóvenes, nuestros supervisores obtengan las señales de nuestro lenguaje corporal de manera efectiva, a medida que envejecemos somos más capaces de seguir refinando la aptitud de utilizar el lenguaje corporal. Sea como fuere, cuando las señales de nuestro lenguaje corporal pasan desapercibidas desde que se es un bebé hasta toda la adolescencia, en la edad adulta, la utilización del lenguaje corporal con frecuencia se mantiene. Estos son los adultos a los que oyes a los individuos aludir como "difíciles de leer". A pesar de que podrían ser jugadores de póker extraordinarios, no hace mucho bien en el sentido del mensaje correcto. Como dice el famoso refrán, "si no lo usas, lo pierdes".

El mensaje correcto a través de todas las formas posibles es crucial a lo largo de nuestra vida cotidiana. Puede tener el efecto de conseguir un trabajo soñado y numerosos elementos diferentes. Los individuos usan en promedio alrededor de la mitad del lenguaje corporal a la mitad del dialecto verbal cuando se comunican con otros.

En el caso de que no puedas obtener las sutilezas del lenguaje corporal que alguien está dando, es posible que el mensaje que recibas verbalmente no sea el mismo que el planeado. Cuanto más intentes utilizar y descubrir cómo detectar estas señales del lenguaje corporal, mejor lo conseguirás. En el caso de que no lo obtengas en la primera ejecución, sigue intentándolo. La observación de personas es un método extraordinario para ponerte al día con tu capacidad para leer el lenguaje corporal

Vaya a un centro comercial y simplemente siéntese en un asiento y pruébelo, mire a su alrededor.

Hay algunos tipos principales de lenguaje corporal y dos de los más reconocidos son el saludo y los tipos románticos de lenguaje corporal. Los diferentes tipos de lenguaje corporal son de convencimiento, de atención, de agotamiento, cerrados, precarios, de cautela, emotivos, evaluadores, abiertos, controladores, preparados, tolerantes y complacientes. Investigaremos cada clasificación y aclararemos las señales utilizadas por cada una de ellas.

Capítulo 11 –El Lenguaje Corporal Agresivo

El lenguaje corporal enérgico es mucho más que solo golpear a alguien. Hay numerosos tipos de señales contundentes que, si se detectan con suficiente antelación, pueden evitarle ser víctima de un asalto físico o darle la oportunidad de cambiar la hostilidad. El lenguaje corporal enérgico es una señal evidente de peligro físico probable o, en cualquier caso, de un riesgo verbal. Como nos educaron en un momento oportuno, los enfrentamientos físicos nunca pueden generar nada bueno, por lo que descubrir cómo obtener las señales de peligro desde el inicio es, en gran medida, muy útil. En la posibilidad remota de que trabaje en un entorno donde haya personas inestables, por ejemplo, en un entorno carcelario, conocer signos de contundencia podría incluso salvarle la vida. El lenguaje corporal agresivo puede originarse desde el rostro, asalto y exposición. Las señales faciales que pueden advertirte de los peligros concebibles son muecas, labios apretados, rubor en el rostro, abucheos, mandíbula cerrada, mirar hacia abajo con un estrabismo y mover la cabeza hacia ti, como si alguien tirara su cuerpo hacia ti en una progresión enérgica. Otra señal de riesgo facial normal es un hombre que enfrente cara a cara de manera muy cerrada. En esta circunstancia, es mejor dar dos o tres pasos hacia atrás para poner distancia entre usted y el individuo, de manera que le permita desactivar potencialmente la circunstancia. La posición de asalto del lenguaje corporal es comúnmente la ubicación de los pies para mantener la solidez y mantener las manos y músculos firmes. Sin embargo, hay algunos que de vez en cuando muestran signos físicos externos mínimos que muestran que van a golpearte. Esto es cuando el lenguaje corporal solo puede colocar a uno en una circunstancia insegura y también es fundamental para sintonizar las palabras.

Otro tipo de lenguaje corporal agresivo es

cruzar los límites del espacio individual, mental o emocional. Las falsas actuaciones se empleanpara cruzarestos tres límites. Al mostrar camaraderíacon otro individuo con la intención de hacerle daño, el lenguaje corporal fuerte produce un efecto camaleónico en los resultados; Utilizarán sonrisas y movimientos agradables para acercarse. Todostenemos un lugar seguro llamado "nuestro propio espacio", y cuando se cruza físicamente (por ejemplo, levantarse en la cara de alguien, golpear el pecho, tocar físicamente a otro sin su consentimiento, etc.), esa intrusión es un movimiento de lenguaje corporal agresivo. La mayoría de las veces, los individuos hacen esto para acercarse a sus presas, de modo que puedan tener control sobre los demás al influir en ellos para que se sientan incómodos y evitar que sean ellos quienes inicien el ataque físico.

Los movimientos físicos y enérgicos del lenguaje corporal son otro indicador de que podría estar en peligro de convertirse en una víctima. Las señales con la mano se usan con frecuencia para activar a otro en un encuentro físico, desde la utilización de "flipar a alguien" con la señal del dedo medio, los diferentes gestos manuales, ybatir los brazos, hasta el muy conocido movimiento de cabeza con frases verbales. Otro indicador impresionante y llamativo son los simulacros de asalto, por ejemplo, combate informal, martilleo con la mano sobre la mesa (divisor, entrada, etc.), movimiento de cabezazo, patadas y demás sin que realmente te alcancen.

Capítulo 12 – Lenguaje Corporal de Atención

El lenguaje corporal de atención es la demostración de aparentar a través del lenguaje corporal de que está sintonizando y escuchando lo que el otro está diciendo. Bostezar o quedarse dormido sería un caso de lenguaje corporal descuidado. Tener la capacidad de mostrar genuinamente un lenguaje corporal de interés y atención puede tener un efecto colosal en el caso de que solicite un empleo o esté en cualquier campo de trabajo que requiera contacto verbal con personas.

Otra circunstancia en la que tener aptitudes asombrosas en el lenguaje corporal de atención es en las conexiones individuales y las circunstancias acogedoras. El lenguaje corporal sólido y consciente demuestra que usted tiene un entusiasmo genuino por lo que el otro dice, es complementario y, con toda probabilidad, resultará en una consideración compartida. Un enfoque utilizado mientras se sintoniza con otro a través del lenguaje corporal, es inclinarse hacia el individuo que está hablando, sin embargo, aún debe considerar los límites individuales mientras lo hace. Tendrá la capacidad de aconsejarle si un hombre le sintoniza con atención, si le mira y no refleja alejamiento esporádico en medio de la discusión. Igualmente parpadearán menos de lo normal. Con frecuencia, cuando un hombre está sintonizado conscientemente con otro, su línea de ceño se fruncirá, demostrando que se están enfocando en lo que usted está diciendo. Asimismo, verá un gesto de la cabeza en la comprensión o la diferencia de las cosas que está expresando junto a las expresiones verbales, por ejemplo, "caramba, uh eh, etc.". La escucha individual también puede imitar su lenguaje corporal.

Capítulo 13 - Lenguaje Corporal de Bloqueo o Cerrado

¿Ha pensado en algún momento si su pareja, compañero (a), asociado (a) o supervisor (a) estaba agotado con todo lo que usted dice, sin embargo, no fue capaz de saber exactamente por su lenguaje corporal? Bien, ahora tendrá la capacidad de saber si lo que está diciendo está cayendo sobre oídos con dificultades auditivas. Una de las principales indicaciones de que alguien te está bloqueando absolutamente es su nivel de apariencia. Ante la posibilidad de que siempre se desvíen por cada conmoción o desarrollo, puedes apostar a que realmente no se enfocan en ti, prestando poco respeto a la frecuencia con la que te revelan que están sintonizando. Una señal enorme es el punto en que una persona comienza a bostezar o desplomarse.

Sin lugar a dudas, el bostezo puede ser un indicador de que una persona es deficiente con respecto al oxígeno o está desgastada en cualquier caso. Una persona probablemente bosteza cuando está agotada. En el caso de que alguien automáticamente asienta con la cabeza, en ese momento usted tiene un problema real con sus aptitudes de elocuencia y debería considerar tomar algunas clases de oratoria o presentación.

Algunas de las razones por las que los individuos pueden bloquearse, es que el tema no les interese o que ya lo hayan escuchado una y otra vez de usted anteriormente. Ante la posibilidad de que una persona no tenga ningún interés en lo que usted está hablando, es fácil para ellos perder la intriga y terminar agotado rápidamente. Al dirigir una reunión o tema, es imperativo utilizar el lenguaje corporal mientras habla. Los desarrollos faciales y manuales pueden resaltar lo que intentas hacer llegar a ellos y además animar las facultades visuales y de sonido de tu grupo de espectadores. Extender las justificaciones es otra forma de perder rápidamente a tu público. Sea breve y conciso, no tiene que volver a aclarar una cosa similar en 50 formas diferentes de expresar lo que tiene en mente. Un indicador decente de nivel de intriga es hacer consultas al hablar con alguien.

Generalmente, si alguien está aburrido y agotado, puede observar un lenguaje corporal bloqueado. Este tipo de lenguaje corporal te revela que tu reunión de personas se ha cerrado completamente contigo hasta el punto, en lo que a ellos respecta, que ni siquiera estás en el mismo lugar que ellos. Los adolescentes son el caso más común en utilizar lenguaje corporal cerrado. Este tipo de lenguaje corporal también puede evidenciar algún tipo de "protección" por parte de los individuos también. En el caso de que vayas a enfrentarte a alguien y muestren un lenguaje corporal cerrado, podría deberse a que los hayas asustado. Si el objetivo para usted es superar lo que intenta decir de manera viable, debe cambiar su enfoque. Los casos de lenguaje corporal cerrado son: retorcer el cuerpo formando una bola, sacudirse, cruzar los brazos firmemente en forma de abrazo, cruzar las piernas firmemente o incluso entrelazarlas entre sí o contra una silla o mesa, y una mirada descendente o enfocada a un cierto punto dentro de la habitación o área a su alrededor. Puede haber muchas razones por las cuales usted reciba un lenguaje corporal cerrado de un individuo, por lo que no debe esperar que se trate solo de usted o de lo que está diciendo. El individuo puede haber tenido un día muy problemático recientemente. Cuando te encuentras con alguien que parece cerrar completamente una discusión o interacción, observa lo que se decía en el momento en que cambió el lenguaje corporal. Puede ser un indicador decente con respecto a lo que está ocurriendo con ellos en ese momento.

En el momento en que alguien se sienta socavado y amenazado, incluso verbalmente, su cuerpo responderá. Entrarán en modo de protección o en modo enérgico. En el modo protector, es por autoconservación. Si se retuerce en una bola, se aseguran los órganos y partes del cuerpo indefensos en caso de que ocurra un asalto ó también puede ser un mecanismo para calmarlos. Otra razón por la que los individuos pueden mostrar un lenguaje corporal cerrado es porque están tratando de ocultar algo del otro individuo, por ejemplo, lágrimas o apariencias externas. Los enfoques para mover a un hombre de este lenguaje corporal a un lenguaje corporal más abierto y tolerante es ofrecerles algo, por ejemplo, una bebida, o con alguien más joven, un juguete. Otro camino es emular su lenguaje corporal, sin embargo, no de manera despectiva. Acérquese a una distancia más cercana con respecto al espacio individual y trabaje constantemente para imitar su lenguaje corporal cerrado, ya que esto puede crear una seguridad no verbal. A medida que el individuo desenrolla su posición de cuerpo cerrado, usted también comienza a desenrollarse a su velocidad y nivel de consuelo.

Capítulo 14 - Lenguaje Corporal Engañoso

I think that deceptive body language ought to be important for everybody to learn. It can help you to recognize whether somebody is being straightforward with you or endeavoring to pull a quick one. Mind you, there are those that are great at covering this type of body language, for example, sales representatives, mental cases and the criminally minded. One normal approach to tell if a person is being beguiling by their body language is to look for signals of uneasiness. Some regular uneasiness prompts are sweating, strain, rubbing the back of the neck or other body parts, sudden movements, body jerks, voice change and increment in speed, biting within one's mouth, and pushing hands in pockets or high level of nervousness. When someone is lying they will frequently endeavor to shroud their deceptive nature by endeavoring to pick up control over their body language through constrained grins and overstated hand motions. This may present as odd, awkward or jolting developments. Their speech might be wavered in their efforts to back it off and slow it down, thinking seriously with reference to what to state straightaway. They will frequently talk looking occupied and maintain a strategic distance from eye to eye connection. On the off chance that they are standing, they may move their weight shifting from one foot to the other more frequently than ordinary also.

Creo que el lenguaje corporal engañoso debería ser importante para que todos lo aprendan. Puede ayudarlo a reconocer si alguien está siendo sincero con usted o está tratando de engañarlo. Tenga en cuenta que hay personas que son excelentes para cubrir este tipo de lenguaje corporal, por ejemplo, representantes de ventas, casos mentales y criminales. Un enfoque normal para determinar si una persona está engañando por su lenguaje corporal es buscar señales de inquietud. Algunos síntomas habituales de inquietud son sudoración, tensión, frotación de la parte posterior del cuello u otras partes del cuerpo, movimientos bruscos, sacudidas del cuerpo, cambios de voz e incremento de velocidad, morder dentro de la boca y meter las manos en los bolsillos o niveles altos de nerviosismo. Cuando alguien está mintiendo, con frecuencia se esforzarán por ocultar su naturaleza engañosa al tratar de tomar el control de su lenguaje corporal mediante sonrisas constreñidas y movimientos exagerados de las manos. Esto puede presentarse como un accionar extraño, incómodo o nervioso. Su discurso podría ser vacilante en sus esfuerzos por retroceder y ralentizarlo, pensando seriamente en relación con lo que se debe indicar de inmediato. Frecuentemente hablarán mostrándose ocupados y mantendrán una distancia estratégica de conexión ojo a ojo. Ante la posibilidad de que estén de pie, pueden mover su peso cambiando de un pie al otro con más frecuencia que el normal también.

Las fuerzas policiales y de la ley están

preparadas para leer este lenguaje corporal. Como un aspecto importante de esa preparación, descubren cómo funciona el cerebro y cómo responde el cuerpo cuando utilizan diversas partes de la mente cuando piensan, como el movimiento de los ojos. Se cree que la dirección en la que alguien ve cuando reacciona a una pregunta puede ayudar a determinar si la persona está mintiendo. Generalmente, este no es un indicador decente para ser utilizado como parte de la búsqueda de la verdad, como puede ser, si una persona mira a un lado mientras responde una pregunta, se debe, en todo caso, considerar cuidadosamente lo que está diciendo. Se cree que es una actividad intuitiva mirar hacia un lado cuando alguien está usando la mitad izquierda de su cerebro, el lado racional y sistemático, y mirar hacia otro lado cuando utiliza el lado derecho de su cerebro, el lado entusiasta y creativo. Se piensa que cuando alguien está mintiendo usa el lado izquierda de su cerebro para decir la mentira que hace que sus ojos miren hacia un lado. Hay estudios que establecen diferentes perspectivas sobre la mentira y la mirada fija, algunos dicen que una persona está mintiendo cuando mira hacia el lado derecho, mientras que otros dicen que es el izquierdo. Por lo tanto, no sea juez y jurado como resultado de la dirección en que ve una persona cuando reacciona a una consulta o pregunta que le hace o le está contando una historia. Preste especial atención a todo su lenguaje corporal y, además, sus palabras anteriores antes de condenar a alguien.

Aquí hay algunas las cosas más interesantes acerca de la mirada cuando se trata de analizar la mente o almacenaje de información. Cuando intentamos revisar un recuerdo, utilizamos el lado derecho de nuestrocerebro, influyendo en nuestros ojos para mirar hacia un lado. Cuando buscas recuerdos visuales, tus ojos miran hacia arriba y cuando una persona mira hacia abajo, se esfuerza por revisar más recuerdos emocionales. Sea como sea, el ojo errante, el cambio de izquierda a derecha no significa que el individuo esté mintiendo, solo significa que está tratando de revisar o procesar las memorias relacionadas con el sonido.

Capítulo 15 - Lenguaje Corporal Defensivo

El lenguaje corporal defensivo comunica los sentimientos de las personas de amenazas físicas o apasionadas o el espacio individual que se está atacando. En consecuencia, cuando alguien siente que está en peligro de sufrir un ataque físico, se cubren para proteger sus órganos corporales esenciales, por ejemplo, torciéndose en una bola y metiendo la cabeza. Los hombres cuando se exponen a un ataque por parte de una mujer, muy a menudo planean por asegurar su entrepierna primero. En la remota posibilidad de que incluso tú imagines que golpearás a un hombre, observa lo rápido que aseguran las gemas de la familia levantando una pierna para protegerse, o baja y cruza sus manos en dirección de la ingle. En el punto en que se enfrentan a otro hombre, en su mayoría, los hombres se mantendrán en posición de pelea con los brazos extendidos y el área de la mandíbula / nariz protegida tanto como sea posible. Solidificarán sus músculos para soportar mejor un asalto. Una bandera típica del lenguaje corporal que le permitirá saber si una dama está incómoda es, si lleva unacartera o un bolso, el agarre que tienen en él se enrollará más ajustado y se mantendrá más cerca de su cuerpo.

Algunas personas, cuando están incómodas, mostrarán un lenguaje corporal defensivo al poner un tipo de barrera entre ellas y el individuo o la circunstancia que las está influyendo para sentirse incómodos. Esto podría ser un asiento, una mesa, o incluso podrían estar sosteniendo un elemento más cercano a ellos hacia afuera antes de que ellos hagan una disuasión entre ellos y el riesgo aparente. Pueden sostener sus llaves en medio de sus dedos para usarlas como un arma si surgiera una circunstancia. Otro mensaje de lenguaje corporal protegido es el punto en el que alguien se muestra firme o inflexible. Se esforzarán por no influir en un solo movimiento con su cuerpo para atraer la atención sobre ellos mismos, mientras que en el otro lado, alguien que se encuentre en modo cauteloso escaneará la habitación o área en busca de un curso de escape, o incluso puede escapar de la habitación en la posibilidad de que vean el nivel de riesgo demasiado alto. Algunas personas, cuando se encuentran en una circunstancia amenazadora, nunca pueden mostrar indicios de lenguaje corporal protegido y, más bien, se presentan con un lenguaje corporal relajado o vigoroso.

Capítulo 16 –Lenguaje Corporal Dominante

El lenguaje corporal dominante está firmemente identificado como un lenguaje corporal fuerte, pero a un nivel menos emocional. Un objetivo definido del lenguaje corporal dominante es inspirar el control sobre otro, pero no realmente de una manera enérgica, sino más bien de una manera legítima y autoritaria.

Alguien que muestre este lenguaje corporal dominante tratará regularmente de influir en su cuerpo para que parezca más grande de lo que realmente es, particularmente los hombres. Con frecuencia doblarán sus brazos con sus manos debajo de sus bíceps tratando de empujarlos para darles una apariencia más grande. Los hombres y las damas sostendrán sus manos en sus caderas con los codos abiertos mientras están parados, el pecho hacia afuera y la mandíbula hacia arriba. Verá numerosas mamás en esta posición mientras disciplinan a sus hijos.

Un caso increíble de uso de este lenguaje corporal dominante sobre otro es un detective de la policía sobre un sospechoso en una sala de interrogatorio. En las salas de interrogatorio, con frecuencia observará al analista de pie, influenciando al sospechoso para que se siente y le otorgue una estatura abrumadora sobre el sospechoso en un intento de tratar de asustarlos. El analista puede ubicar la habitación, al igual que marcar un área asignando dónde precisamente el sospechoso debe sentarse mientras camina o permanecer detrás del sospechoso, pendiente sobre su hombro para hablar en lugar de sentarse en la mesa con ellos.

Al atacar el espacio individual del sospechoso, hacen que se sientan incómodos con la altura adicional y hablándoles en tono muy bajo, el criminólogo logra una posición predominante y, además, influye sobre su zona. El oficial de policía o detective se asegura de que el sospechoso sepa que se encuentra en el territorio de los investigadores y que se trabaja bajo sus reglas. También abrumarán al sospechoso en diferentes formas, por ejemplo, maldiciendo, ridiculizándolo y teniendo una carpeta ante ellos, dejando al sospechoso para reflexionar sobre el tipo de información que el interrogador realmente tiene contra ellos.

Los dispositivos de grabación, aunque se usan en cualquier interrogatorio, también se usan como otro enfoque para el lenguaje no verbal o no corporal, para abrumar a otro, dejando al sospechoso a darse cuenta de que todo lo que digan se grabará. Asimismo, observará a un investigador que utiliza articulaciones faciales para insultar, controlar y dominar la circunstancia. Puede ser mirando hacia abajo, moviendo los ojos cada vez que el sospechoso dice algo, bostezando, entornando los ojos hacia el sospechoso mientras mira fijamente, y sonriéndole a la persona que está siendo interrogada sobre sus reacciones.

Capítulo 17 –Lenguaje Corporal Emocional

El lenguaje corporal emocional es un área extremadamente extensa ya que las personas sienten diversos sentimientos. La indignación y la ira, por ejemplo, muestran una gran diferencia en contraste con el lenguaje corporal alegre, sin embargo, algunos signos del lenguaje corporal de ser feliz pueden ser provocados con un lenguaje corporal triste. Existen numerosos signos no verbales que pueden ayudarlo a descubrir lo que otra persona está sintiendo, en cualquier caso, no están limitados y no hay dos personas que respondan esencialmente de la misma manera. Lo que usted pensaría debería hacer que alguien se entristezca, puede que realmente no tenga ningún impacto en otra persona.

La ira se puede mostrar en una persona por muchas razones diferentes, por ejemplo, obtener un puntaje de examen terrible, tener un día terrible en el trabajo, un cheque que ha rebotado u otras circunstancias diferentes. Algunas cosas pueden indignar a un individuo más que a otro y, además, más rápido. Los signos regulares de indignación del lenguaje corporal son una cara y/o cuello enrojecido, una mandíbula apretada y comprimida y, además, un puño cerrado, dar pasos de lado a lado, invasión del espacio individual de otra persona sin ningún tipo de respeto y la utilización de un lenguaje corporal fuerte o poderoso.

El miedo, la tensión, así como la aprehensión, podrían exhibir las mismas cualidades básicas en el lenguaje corporal. Saber algo acerca de las circunstancias al leer el lenguaje corporal de las personas puede permitirle ver con precisión cuál de los tres sentimientos se están encontrando. Aprender sobre el lenguaje corporal emocional es extremadamente valioso para ayudar a un niño a expresar con palabras lo que su cuerpo está sintiendo. Yo diría que el miedo, la tensión y la ansiedad son difíciles de reconocer para un niño y pueden aparecer en alguien a través de su cuerpo rompiendo uno de esos sudores fríos, con la cara fruncida, la boca seca, haciendo lo que puedan para evitar el contacto visual o pueden mostrar que están muy cerca de llorar. Pueden manifestar un labio tiritar, un ojo palpitante, temblores en la voz, tartamudeo, fracturas en su voz, sudor, latidos cardíacos intensos, puños apretados y tiempos extendidos de contención de la respiración. Algunos pueden presentarse como incómodos, mientras que otros pueden enfrentarse a una posición de lenguaje corporal preparada o protegida. Como puede ver, un número significativo de estas señales también se presentan bajo diferentes sentimientos distintos del miedo, el nerviosismo y la tensión.

Aunque, como se expresó anteriormente, en el caso de que sepa un poco acerca de lo que está sucediendo, generalmente, usted puede determinar el sentimiento correcto que el individuo está sintiendo y mostrando a través de su lenguaje corporal antes de hablarle. Esto es útil para saber si el individuo le teme, o si solo están preocupados por la circunstancia o si tienen inquietud al respecto.

El lenguaje corporal triste en su mayor parte muestra desplome o caída de los hombros o del cuerpo, relativamente flojo, un labio tembloroso, lágrimas y un tono plano en la voz de la persona.

La humillación puede exhibir una cara roja, no hay contacto visual, y una sonrisa tímida también puede provocar la reculada en algunas personas.

El lenguaje corporal impresionado dará la ampliación de los ojos y las cejas levantadas. El lenguaje corporal emocional que transmite alegría puede manifestarse en lágrimas de felicidad, una boca sonriente y una naturaleza en general relajada. La felicidad extravagante puede ser alguien bailando y saltando con alegría. Si bien estos son tipos de lenguaje corporal extremadamente regular que se usan para expresar sentimientos, una persona con un nivel de afecto puede no demostrar ninguno de estos. Podrían ser en gran medida alegres y simplemente mostrarlo con una leve sonrisa, si es que pueden ser bastante reservados.

Capítulo 18 –Lenguaje Corporal de Evaluación

El lenguaje corporal de Evaluación es la forma en que alguien utiliza su cuerpo mientras evalúa una circunstancia. Esto podría ser hablar con las manos mientras explican una situación, o indicando las instrucciones a alguien que les dice en qué dirección deben girar mientras conducen.

Las personas que conversan mucho con señales de mano mostrarán mucho lenguaje corporal cuando evalúen o consideren algo.

Otra característica de este lenguaje corporal son los gestos, como las posiciones de las manos mientras se piensa. Pueden tocar un dedo en la pierna o incluso rascarse la mano lentamente; la mordedura de los labios o el interior de la mejilla, y para aquellos que usan anteojos, puede ver que mientras evalúan una circunstancia, miran por encima de los lentes cuando hablan en lugar de a través de ellos. Educadores, instructores y especialistas que usan lentes son conocidos por esto. En su mayor parte, su cuerpo se mostrará relajado a pesar del hecho de que están pensando enérgicamente.

Capítulo 19 –Lenguaje Corporal de Saludo

Todo el mundo sabe que saludar a otra persona o estrechar su mano es un método de bienvenida, sin embargo, hay muchos tipos diferentes de lenguaje corporal de saludo que quizás no conozca. Puede utilizarse como unacontraseña entre las personas para demostrar algún tipo de fraternidad. Por ejemplo, numerosos grupos o pandillas tienen un misterioso apretón de manos o señal de mano que usan para demostrar su acuerdo compartido. Los niños de la escuela frecuentemente tienen sus misteriosos clubes de apretones de manos también. Dependiendo de en qué parte del mundo y de la forma de vida en la que te criaron, algunos tipos de lenguaje corporal acogedor pueden no ser satisfactorios o incluso ser considerados groseros en otras partes del mundo.

Se dice que se puede decir mucho sobre alguien a través de su apretón de manos, pero esto es erróneo ya que todo depende del tipo de día que el individuo tiene y algunos componentes diferentes. Una empuñadura firme en un apretón de manos tiene la intención de demostrar certeza donde se piensa que una muñeca floja con un agarre ligero indica debilidad. Sea como fuere, las personas de edad avanzada pueden perder su control, por lo que este pensamiento generalmente no es el caso. El temblor de la mano a dos manos donde la otra mano sostiene el codo de las otras personas o cubre las otras manos entre las suyas tiene la intención de indicar la fuerza. Sin embargo, hay algunas personas que, al estrechar la mano de alguien a quien realmente aprecian, harán esto para mostrar amistad y autenticidad.

Otros signos de saludo que se cree que son unademostración de fuerza son sacudir la mano de otro con la palma hacia abajo, mientras que la palma hacia arriba indica la sumisión y las palmas hacia los lados muestran la correspondencia. Los apretones de manos ampliados donde un individuo hace más difícil que el otro termine el apretón de manos es igualmente una indicación de fortaleza. Si observa alguna foto de funcionarios de gobierno o de especialistas y negociadores, se tomarán fotografías de su apretón de manos parado y hombro con hombro con las otras personas, con la mano y el brazo extendido de frente para dar el saludo. El individuo dominante permanecerá en el lado izquierdo del otro individuo, sacudiendo la mano derecha, por lo que cuando se toma la foto, es la parte posterior de la mano que se muestra en la foto.

Otros tipos de saludo a través del lenguaje corporal de la mano son los "dame esos cinco" en los que dos personas se dan una palmada, golpean los puños o incluso un simple toque en el hombro mientras alguien camina en una reunión o fiesta para demostrar que han reconocido al otro. Algunos otros tipos de lenguaje corporal de saludo son, por ejemplo, "el saludo", donde la mano se levanta hacia la sien o el borde de una gorra y vuelve a bajar a un lado una vez más. Los militares utilizan saludos para mostrar respeto a aquellos en posiciones más altas. La elevación de la mano al corazón mientras se presenta la promesa de lealtad es otro tipo de saludo de respeto. La inclinación también puede indicar respeto o puede mostrar agradecimiento o gratitud, por ejemplo, hacia el final de una actuación. En Japón, si no se inclina ante un saludo, se considera una falta de respeto.

El abrazar y besar son también diferentes formas de lenguaje corporal de saludo, pero se deben utilizar bajo consenso. Darle la bienvenida a una persona que no conoces con un abrazo o un beso podría colocarte en una mala posición. La sociedad es tanto más tolerante que las damas abracen a otras damas en un saludo que los hombres que se abrazan, a menos que estén firmemente relacionados. Si un abrazo se realiza a un mayor grado de contacto corporal durante un período de tiempo más largo, ha pasado de largo lo que se consideraría un saludo. En algunas sociedades, se confía en dar el saludo a otro con un beso, por ejemplo, el beso de saludo empleado en Francia, y que puede ser socialmente satisfactorio y aceptado por cualquier orientación sexual hacia cualquiera de los dos sexos.

Los besos de saludo son cortos, similares a un picotazo en los labios o la mejilla de otra persona. Dar el saludo a un amigo tuyo puede incluir un abrazo mientras le das un beso en los labios o la mejilla. Cualquier beso de cualquier longitud y en los labios, con la boca abierta o cerrada, se considera en gran medida un beso sentimental, que ya no es de salutación.

También se puede leer el método de saludo de alguien por sus apariencias externas. Unamirada penetrante o un ceño fruncido sería un indicador decente de que algo no está bien, mientras que un rostro tenso con una mandíbula apretada debería mostrarle que el individuo está muy perturbado o irritado con usted. Una cara bonita y sonriente demostrará que la persona está contenta de verte, aunque una cara en blanco puede mostrar que la persona no podía pensar menos en ti. Cuando ves a alguien más que junta sus cejas, lo más probable es que estén tratando de recordar cuál es tu nombre antes de acercarse a ti. Ese es un buen momento para acercarte, recuérdeles respetuosamente cuál es tu nombre y deles la bienvenida con un apretón de manos.

Capítulo 20 –Lenguaje Corporal Abierto

El lenguaje corporal abierto generalmente comunica una forma relajante. Los brazos y las manos abiertas expresan que las personas no desean ocultar nada a los demás, ya que están siendo informales en el momento. Pero, si alguien muestra un tipo de lenguaje corporal cerrado y después de eso cambia rápidamente a una forma abierta, muestra un cambio terrible en los sentimientos.

En el caso de que estés conversando, y la otra persona se encuentre en una posición encorvada con un lenguaje corporal cerrado y luego, inesperadamente y estando sentada, fije los pies en el suelo o que salte a una posición vertical, lo más probable es que usted haya dicho algo que provocara una indignante afección en su interior. En este momento, es posible que el lenguaje corporal abierto deje de mostrarse, y más bien aparezca en gran medida, un lenguaje corporal fuerte o reservado. Decida rápidamente qué podría haber dicho que tal vez causó el cambio emocional repentino, con el objetivo de que pueda coordinar la discusión de una manera que no provoque agresión física.

Capítulo 21 - Lenguaje Corporal Relajado

El lenguaje corporal relajado es cuando la respiración de alguien es más lenta de lo que normalmente sería y su influencia corporal general es informal, sin ningún músculo tenso. La piel se verá bastante normal, sin enrojecimiento o cambio de color debido a la irritación o al calor. Las manos, los pies y los brazos no retorcidos ni inquietos y están descansados en su regazo. La apariencia facial puede ser relajada con una pequeña sonrisa. El tono de voz es consistente sin ningún cambio de tono alto o bajo de repente. La cara no tendrá líneas de expresión que pueda ver en una persona que está molesta o malhumorada, los ojos reflejarán la boca; Si es una sonrisa leve, habrá una sonrisa en los ojos y las cejas estarán en su nivel normal.

Capítulo 22 - Lenguaje Corporal de Poder

El lenguaje corporal de poder es un tipo de lenguaje corporal dominante, pero también tiene un lado protector. Las personas que utilizan este lenguaje corporal todo el tiempo son las personas que están en un lugar de experiencia o autoridad, o les gustaría pensar que lo son. Puede ser un ser querido o un amigo que intenta seguir siendo el foco de poder en una relación que utiliza este tipo de lenguaje corporal. En la posibilidad remota de que alguien parezca tener control sobre tu espacio y tiempo, es más que probable que muestren una tonelada de lenguaje corporal de "juego de poder" y esta es una de las formas en que han logrado este control sobre ti.

En los sitios de trabajo, se sabe que el poder se demuestra desde los espacios de estacionamiento que algunas personas puedan haber reservado. Quienes están en posiciones de poder siempre parecen tener las mejores plazas de aparcamiento, nunca caminan a lo largo del estacionamiento para ir al trabajo cada mañana. Este es el comienzo de poder dominar el espacio y mostrar el *status* sobre otro. Muestran su posición y el *status* desde el auto que manejan hasta el espacio de oficina en el que trabajan. Tomarán descansos más largos para almorzar y harán que otra persona cubra cualquier trabajo que puedan necesitar durante ese tiempo, o que lo hagan registrar su entrada y salida para asegurarse de que no lo descubran.

Los apretones de manos de poder son una forma en que una persona exhibirá su control sobre otra. Después de dar el saludo a alguien nuevo, si sienten que la persona tiene un *status* inferior al de él, el jugador poderoso le dará un firme apretón de manos, acercará al individuo físicamente, agarrará el codo del brazo que está sacudiendo con la mano opuesta y sostendrá la sacudida más largade lo que normalmente darían. En el caso de que usted quiera contrarrestar uno de estos apretones de manos de poder, ofrezca un control flojo y débil. Un apretón de manos extendidas puede hacer que algunas personas se sientan incómodas, al aplicar un apretón de manos poderosa y aceptar un flojo y débil agarre a cambio, la incomodidad se revertirá al jugador poderoso. Los jugadores poderosos mantendrán una mirada más larga que la normal, que es otro método para influir en el receptor y hacer que se sienta incómodo. A pesar de que la mirada puede no ser amenazadora, todavía es suficiente para que el receptor de esta mirada se sienta incómodo y antinatural. La forma de contrarrestar una de estas miradas de poder es simplemente volverse y mirar otra cosa, no caer en la maniobra estratégica y mirar hacia abajo, ya que romper la mirada entre ustedes dos le devuelve su propiopoder.

Los jugadores poderosos también intentarán controlar dónde se sentará otro, señalando con su mano hacia un asiento cuando le ofrezcan un asiento. Si es que necesita neutralizar esta maniobra estratégica, elija dónde y cómo se sentará antes de ser coordinado.

En el caso de que se encuentre con una de estas personas que son conocidas por sus maniobras estratégicas, vaya un poco antes y obtenga su asiento primero. Los jugadores poderosos son extraordinarios al hacerles esperar otra vez. Si hay una reunión concertada, puedes apostar a que el jugador poderoso hará que todos los esperen. Otros atributos del lenguaje corporal de poder son atacar el espacio individual de una persona estando realmente cerca de otra persona, tocándola mientras habla al mismo tiempo, por ejemplo, poniendo una mano en el hombro de otra persona.

Capítulo 23 –Lenguaje Corporal Preparado

El lenguaje corporal preparado es exactamente lo que lee. Piense en un jugador de béisbol en los jardines, su cuerpo listo para la actividad, esto es lenguaje corporal preparado. El cuerpo girará hacia el rumbo dónde se llevará a cabo la acción o de dónde puede pensar que se originará la acción. Una joven que aguarda cerca del teléfono mientras espera una llamada, lista para saltar cuando suena, es un ejemplo de lenguaje corporal preparado. Los ojos de una persona se dirigirán hacia donde está la actividad o donde se originará. Su cuerpo estará listo, tenso y preparado, como el de un velocista que espera el disparo de partida.

Los niños pequeños demuestran su inquieto lenguaje corporal preparado cuando les mencionas que pronto los llevarás al parque o a la feria. Independientemente de si está preocupado por la actividad, por ejemplo, un combate de boxeo o un estudiante de música se están preparando para su primera actuación en solitario ante una gran audiencia por primera vez. Una pareja que se va a casar puede mostrar este tipo de lenguaje corporal, como el novio que espera a que la novia camine por el pasillo, él estará mostrando un lenguaje corporal preparado, esperando pacientemente e inmóvil.

Capítulo 24 –Lenguaje Corporal Romántico

El lenguaje corporal romántico no es solo lo que una pareja hace cuando están íntimas y juntos, sino que también puede mostrarse a distancia e incluye todo, desde el coqueteo hasta el matrimonio, e incluso separaciones.

El lenguaje corporal a distancia une todos los diferentes tipos de coqueteo que alguien puede hacer con su cuerpo, desde las pestañas revoloteando hasta la forma en que mantienen la posición de su cuerpo.

El lenguaje corporal romántico a distancia puede incluso incorporar movimientos sexuales. En el coqueteo, en busca de una relación genuina de larga distancia, los movimientos sexuales no son un pensamiento inteligente, pero en el caso de que usted desee poner un poco de sabor y picante una vez más en un matrimonio, un poco de lenguaje corporal de señalización sexual puede ser una tonelada de diversión. Desde la distancia, se puede ver el lenguaje corporal romántico de cómo uno se muestra a los demás también. Los hombres y las damas pueden usar ropa que complementa ciertas partes de su cuerpo que encuentran más atractivas. Los hombres son famosos por hacer demostraciones de lenguaje corporal con respecto a llamar la atención de músculos específicos para que se vean más grandes de lo que son, por ejemplo, cuando doblan sus brazos con las manos debajo de sus bíceps. En la remota posibilidad de que vean a alguien de quien estén interesados, pueden mantener una posición fija hasta el final de los tiempos. ¡Algunas mujeres tienden a sostener su barriga para influir en ella para que se vea más plana de lo que es y empujar el pecho hacia afuera para que se vea más grande para otras personas que pueden ser atraídas a esa área específica!

Cuando se utiliza un lenguaje corporal romántico desde la distancia, una persona puede posicionarse para estar a la vista de la persona en la que está interesada al girar todo su cuerpo o cabeza hacia ellos. Una persona puede tratar de bailar sensualmente en la pista de baile mientras mira con frecuencia al individuo que está interesado en tratar de captar su atención.

El lenguaje corporal muy cercano y personal se debe hacer solo si ya está cerca de la persona o si está en una relación con ella. Un nivel de confort compartido permite al otro ir al espacio individual de los demás sin que el otro se sienta incómodo e inquieto.

El lenguaje corporal romántico cercano puede mostrarse en una pareja que imita las posiciones y movimientos del cuerpo, mirándose con afecto a los ojos, tomándose de la mano, acariciando el cabello, besándose y otros momentos íntimos.

Capítulo 25 –Lenguaje Corporal de Sumisión

El lenguaje corporal de sumisión y el lenguaje corporal pasivo no deben mezclarse. Piensa en un león que toma una leona; al principio, la leona luchará contra el esfuerzo de los leones para someterla y, al final, la leona se somete. Ella cae a su animosidad y le permite al león tomarla. Es un lenguaje corporal de sumisión en forma de "conquistado".

Algunas señales de lenguaje corporal de sumisión en particular que alguien puede ver son cosas como sostener la cabeza hacia abajo y mantenerse alejado de la conexión de los ojos con los demás mientras están abiertos, agrandando los ojos para parecer más puros e inocentes, al igual que los ojos abiertos. Un niño y alguien que mira a los ojos a alguien que se dirige a ellos y que es su superior. Un individuo sumiso llevará a alguien que es más dominante que ellos, como un jefe en el trabajo y siempre terminará de acuerdo con ellos.

Conclusión

Todas las partes del cuerpo de una persona se utilizan en el lenguaje corporal, todo desarrollo o falta de movimiento puede significar algo. No todas las personas se muestran exactamente de la misma manera que otras para expresar algo, como las diferentes formas en que las personas acogen a alguien, nunca va a ser lo mismo para todos. Por un lado, podría ser normal besar a otro en dos lados de la mejilla, pero para otro, un simple apretón de manos podría ser adecuado.

Algunas personas ponen menos énfasis en su lenguaje corporal donde otros pueden exagerar sobre los mismos movimientos o gestos. Algunas personas requieren un espacio individual más grande donde otros estén muy bien y otros se muevan cerca de ellos.

El lenguaje corporal tiene un gran número de características diferentes y puedes aprender constantemente; conocer estas áreas diferentes del lenguaje corporal te beneficiará enormemente, ya que te ayudará en todos los aspectos de tu vida.

Parte 2

Introducción

Te quiero agradecer y felicitar por descargar este libro, "El Leguaje Corporal".

¿Cómo te ayudará este libro?

Este libro contiene pasos comprobados y estrategias sobre cómo utilizar el conocimiento existente sobre lenguaje corporal para mejorar tu capacidad de leer a otros y tus propias expresiones personales. Con este conocimiento, serás capaz de tener relaciones personales más sanas, de alcanzar tus metas en el ámbito laboral y de influenciar a las personas de la manera en la que lo deseas.

Muchas personas se preguntan por qué los mensajes que intentan transmitir parecen nunca llegar a su destino, o por qué parece que son incapaces de interpretar a aquellos que los rodean. Muchos de los problemas relacionados con ser malinterpretado y con no lograr entender a otros pueden ser rastreados hacia el poco conocimiento que se tiene sobre el lenguaje corporal.

La comunicación se trata de algo más que palabras:

Aunque normalmente asumimos que los seres humanos nos comunicamos mayormente a través de las palabras, el lenguaje corporal es el factor más importante en la comunicación. Esto aplica a relaciones personales, ambientes laborales, e incluso a la interacción con desconocidos. El lenguaje corporal es relevante en cualquier situación que involucre ser visto u observar a personas comunicarse.

Comunicarse con otros tiene mucho que ver con escuchar. Pero cuando se trata del lenguaje corporal, en el sentido observacional, señales no verbales son intercambiadas constantemente aunque las palabras estén siendo usadas o no.

Este tipo de lenguaje es una calle de doble sentido:

Lo que tú comunicas: El lenguaje corporal que utilizas demuestra lo que realmente quieres decir y lo que sientes a aquellos que están a tu alrededor, ya sea que lo notes o no.

Lo que lees en los demás: El lenguaje corporal que los demás utilizan te revelara el verdadero significado de lo que dicen y lo que sienten, si sabes cómo prestar la suficiente atención.

Recibir y enviar mensajes utilizando el lenguaje corporal ocurre en dos niveles, el consciente y el subconsciente. Otro término usado para el estudio de la comunicación no verbal es la cinésica, que viene de la palabra de origen griego, kinesis, o "movimiento".

Este tipo de comunicación involucra sentimientos, pensamientos e intenciones que son expresadas a través movimientos físicos, como el movimiento de los ojos, la postura del cuerpo, las expresiones faciales, gestos con las manos y el tacto.

Este lenguaje no solo existe en los humanos, sino también en los animales. Este tipo de lenguaje, a diferencia de otros, no tiene una estructura gramatical y es más abierto a la interpretación personal que otros, como el lenguaje de señas.

En las distintas sociedades, hay interpretaciones que han sido acordadas con respecto a ciertos comportamientos. Estas interpretaciones no son las mismas para cada cultura o país. Debido a esto, hay dudas sobre si el lenguaje corporal es un hecho universal o no. Este lenguaje, generalmente relacionado con la comunicación no verbal en general, sirve como complemento a las palabras habladas en la interacción entre personas.

Actualmente ha sido descubierto, a través de múltiples estudios, que la comunicación no verbal es responsable por el intercambio de la mayoría de la información durante las interacciones entre personas.

El lenguaje corporal no solo establece las relaciones personales, sino que también determina la interacción entre los dos comunicantes. A pesar de la importancia de esta forma de comunicación, puede ser también confusa y ambigua, lo que hace tan importante el aprender a interpretar acertadamente estas señales para evitar confusiones o el envío de señales erradas a otros.

¿En qué otra cosa esta involucrado el Lenguaje Corporal?

Espacio personal: El lenguaje corporal también se relaciona con el lugar donde uno ubica su propio cuerpo con respecto a la posición de los demás. Por ejemplo, esto podría relacionarse con si se ubican a sí mismos en el centro de una habitación, muy cerca unos de otros, o si se encuentros dispersos entre sí.

Pequeños movimientos: El lenguaje corporal engloba movimientos que son casi imperceptibles para la mente consciente, tales como las microexpresiones de la cara y el movimiento de los ojos. Pueden incluir también los movimientos hechos con la boca o el sutil movimiento de las cejas.

Gestos con las manos: Los movimientos de las manos de una persona mientras habla, pueden decir mucho sobre lo que está sintiendo, e incluso develar mensajes escondidos en su discurso. Las manos son una de las mejores formas que ha desarrollado el ser humano para expresarse a si mismo.

Funciones del cuerpo: El lenguaje corporal también cubre aéreas que normalmente no esperaríamos o alcanzaríamos a pensar, tales como la sudoración, la respiración, la ruborización, los niveles de presión arterial, e incluso la velocidad del pulso arterial. Aunque algunos de estos no son perceptibles a simple vista, pueden ser intuidos.

¿En qué nos puede ayudar el aprender a leer el lenguaje corporal?

Las palabras por sí solas, especialmente cuando se trata de palabras relacionadas con sentimientos en situaciones emocionales, difícilmente pueden reflejar completamente la verdadera motivación o los significados que se esconden detrás de ellos. Esto significa que buscar pistas adicionales para la interpretación es de gran ayuda para nosotros. Leer el lenguaje corporal te ayudará a:

- A saber si aquellos con los que hablas de verdad sienten lo que dicen. Muchas veces, el tono de voz de una persona o su semblante contradicen completamente las palabras que están utilizando.

- A tener un mayor entendimiento de cómo los demás interpretan nuestras propias señales no verbales y sus significados, aquellos que nosotros típicamente obviamos.

- A tener un mayor entendimiento de nosotros mismos, mas allá de la comunicación verbal que utilizamos ante los demás.

Como puedes ver en la lista anterior, este es un tema que te puede ayudar a ganar un importante aprendizaje, lo que hace de este libro un gran lugar para empezar.

¡Gracias nuevamente por descargar este libro, y espero que lo disfrutes!

Capítulo 1: SuHistoria y Antecedentes

Científicos y filósofos habían visto la conexión entre el comportamiento físico de los seres humanos con la personalidad, el humor y el significado, desde hace siglos, pero el estudio del lenguaje corporal ha sido principalmente algo reciente. Ha sido un largo camino el recorrido por esta área de la psicología, a pesar de que ha pasado a ser un área de estudio muy detallado y sofisticado en comparación con tiempos pasados. Estudios e investigaciones registrados sobre este tema son limitados o inexistentes hasta la mitad del siglo veinte.

Los primeros pensadores en considerar el

tema:

Los primeros expertos que sabemos estaban interesados en contemplar este tema fueron los antiguos habitantes de Grecia. Aristóteles e Hipócrates tenían gran interés en el comportamiento y la personalidad de los individuos. También podemos asumir que los antiguos romanos estaban interesados, Cícero en particular, quien disfrutaba contemplar la comunicación y los sentimientos humanos. Mucho del interés sobre estos temas tenía que ver con el desarrollo de ideas sobre el discurso y la oratoria, y sobre cuán importante eran estos medios para el gobierno y el liderazgo en la antigüedad.

En tiempos más recientes, es posible

descubrir más material escrito sobre el lenguaje corporal. Podemos notar, por ejemplo, los trabajos de Francis Bacon en el año 1605, quien se fijó en la manera en que los gestos representaban una extensión de la comunicación verbal. Un autor llamado John Bulwer, publico un libro sobre los gestos de las manos en el año 1644, y en 1806, Gilbert Austin exploró la efectividad de mejorar el lenguaje hablado utilizando gestos.

Expertos en el lenguaje corporal:

Darwin, hacia finales del siglo diecinueve, fue la primera figura de influencia académica en observar el lenguaje corporal de una manera seria y científica. A pesar de ello, las ideas sobre este tema parecieron haberse reducido o posiblemente detenido en su totalidad durante el siguiente siglo y medio.

El trabajo de Charles Darwin abrió la puerta a muchas escuelas de pensamiento etológicas, algunas de las cuales comenzaron a estudiar el comportamiento de los animales. A principios del siglo veinte, ya se habían establecido y crecieron cada vez más para abarcar el comportamiento de los humanos y la organización de las estructuras sociales.

En las aéreas en las que la etología cubre la evolución y la comunicación de los animales, los estudios se relacionaron fuertemente con el lenguaje corporal de los humanos. Los etologistas procedieron a aplicar sobre el lenguaje corporal el conocimiento recolectado a través de aquellos estudios, llevándolos a contemplar los primeros orígenes del lenguaje no verbal. De manera similar a la psicología, la etología es una ciencia amplia y variada que continuamente ayuda a clarificar nuestro entendimiento de la comunicación no verbal y todo lo que eso conlleva. El entendimiento académico del lenguaje corporal, en un formato popular y accesible, es relativamente nuevo.

Julius Fast publicó un libro sobre el tema en 1971 y comentó que la ciencia era tan joven que sus expertos eran virtualmente desconocidos. Fast era un autor galardonado de América quien publicó libros tanto sobre ficción como no ficción, enfocándose principalmente en el comportamiento humano y la fisiología. Su libro antes mencionado era único en el sentido de que fue la primera obra publicada que presentaba el tema del lenguaje corporal a un público más amplio.

A pesar de que Fast estaba entre los primeros, existen algunas excepciones, tales como Charles Darwin, quien fue una influencia importante para este autor. Darwin publicó un libro en 1872 en el que se trataba directamente el tema de las emociones en animales y personas. Este trabajo estaba entre las primeras obras publicadas sobre la ciencia del lenguaje corporal, aunque no fue reconocido de esa manera hasta mucho después.

Los primeros psicólogos en entrar en contacto con el tópico:

A finales del siglo diecinueve, así como en la primera parte del siglo veinte, otros empezaban a contemplar los diferentes aspectos del lenguaje corporal, tales como Freud y otros académicos de la psicología. Estos expertos habían adquirido un entendimiento sobre otras facetas del lenguaje corporal, como el espacio personal, pero difícilmente enfocado directamente hacia la comunicación no verbal o hacia el desarrollo de sus propias teorías sobre el concepto de lenguaje corporal. Al mismo tiempo, los psicólogos (incluyendo a Freud) se empezaron a enfocar en elpsicoanálisispor razones terapéuticas y para estudios del comportamiento, para mucho de lo cual no veían necesario incluir el estudio del lenguaje corporal.

Un libro llamado "El Mono Desnudo" salió en 1967, publicado por Desmond Morris, cubrió nuevas visiones sobre el estudio del comportamiento humano y entró en contacto con el tema del lenguaje corporal. El autor era un zoólogo de Gran Bretaña y disfrutaba escribir sobre el comportamiento humano y la forma en la que nos comunicamos desde el lado animalista de la evolución humana. El trabajo de este autor es aun popular en la actualidad, aunque algo controversial, y puede arrojar mucha luz sobre la conducta humana.

Aunque los libros de Desmond Morris no mencionaban directamente ni se referían de manera particular al lenguaje corporal humano, lo bien recibido que fue el autor se debió al creciente interés que tenían las personas sobre este tema. Por primera vez, el interés generalizado en el lenguaje corporal se había expandido por encimadel de la comunidad científica y las personas se estaban haciendo cada vez más curiosas sobre la forma en la que nos comunicamos unos con otros más allá de las palabras.

Se podría decir que las expresiones faciales son unos de los aspectos más importantes del lenguaje corporal, pero es difícil rastrear estudios científicos realizados con anterioridad. De cualquier forma, algunas piezas de información se han conseguido sobre este tópico.

Definiciones del Lenguaje Corporal:

Fisionomía:Esta es una definición algo oscura que se relaciona con el estudio del lenguaje corporal. La palabra describe expresiones y rasgos faciales que se considera indican el origen étnico de un individuo, su naturaleza, o características generales de su carácter.

Las antiguas raíces de esta palabra

demuestran que, a pesar de que la idea del lenguaje corporal como un concepto recientemente definido por la psicología analítica, el concepto de inferir el carácter y la naturaleza de un individuo a partir de las expresiones de su rostro no es una idea nueva.

Prosémica: Anteriormente tocamos brevemente la idea del espacio personal. La prosémica ha sido utilizada como la definición técnica que describe este concepto. Esta palabra ha estado rondando desde mitades del siglo veinte y fue desarrollada por un antropólogo usando una palabra que representa cercanía y proximidad.

Quinésica:

Este término es utilizado para describir la interpretación de la comunicación que se realiza usando movimientos corporales. Esto se puede referir a cualquier comportamiento no verbal, y que utiliza el movimiento de partes del cuerpo o de todo el cuerpo, de gestos o expresiones faciales.

Capítulo 2: ¿Cómo puedo utilizar este conocimiento?

El concepto del lenguaje corporal es una poderosa idea que es entendida por todas las personas exitosas e inteligentes. Esto te puede incluir a ti también. La teoría y los estudios sobre este tema han llegado a convertirse en una cultura dominante en décadas recientes debido a que la psicología académica ha develado el significado que se esconde detrás de nuestros gestos no verbales. Nuestras expresiones e incluso nuestros movimientos más sutiles pueden ofrecer pistas sobre lo que sentimientos en el interior, incluso cuando nuestras palabras no lo expresen.

La comunicación no verbal y el lenguaje corporal son básicamente conceptos intercambiables. Algunos consideran que el lenguaje corporal comprende solo los gestos o el posicionamiento del cuerpo, mientras que otros consideran que es algo más profundo que eso. Depende de ti determinar cual área es más importante para ti, y reflexionar o estudiar un poco sobre este tópico podría darte las respuestas que necesitas para realizar tu propio viaje personal sobre el tema. Al concentrar tu atención solo en los aspectos que consideres más relevantes del lenguaje corporal, puedes perfeccionar conocimientos útiles de manera efectiva y convertirte en un experto autodidacta, eventualmente.

Aquí hay algunas preguntas sobre el Lenguaje Corporal para descubrir lo que estas intentando entender sobre el tema:

¿Los movimientos oculares y las expresiones faciales están incluidos en el lenguaje corporal?

¿La sudoración y la respiración están involucrados en esta forma de lenguaje?

¿Ya que el tono y el volumen de la voz son técnicamente acciones verbales, consideras que también forman parte del lenguaje corporal?

El punto de hacerte a ti mismo estas preguntas no es encontrar una respuesta objetiva, sino decidir en qué consideras que debes enfocar tu atención para descubrir por ti mismo lo que el lenguaje corporal significa para ti. Otra buena razón para explorar estas preguntas es ampliar tu óptica sobre el significado del lenguaje corporal, con el propósito de aprovechar al máximo las señales significativas que se dan en la comunicación. Señales que podrían ser obviadas sin no son consideradas e incluidas.

Es fácil quedar confundido cuando el contexto y las definiciones no son claramente establecidos. Por ejemplo, muchas personas comúnmente citan que la comunicación no verbal comprende más del 90% de lo que se dice en cualquier interacción humana generada. Otros declaran que tal generalización es imposible de hacer. La investigación en la que se basa esta cita estaba realmente enfocada en interacciones que contaban con un fuerte elemento emocional o "sentimientos". En resumen, la estimación de más del 90% incluía también la entonación de las cuerdas vocales, que algunos no consideran oficialmente como parte de lo que el lenguaje corporal realmente es.

Lo que se ha acordado sobre el lenguaje corporal:

Más allá del fracaso de los expertos en coincidir sobre números o estadísticas referentes a este tópico, podemos asumir con seguridad que el lenguaje corporal comprende gran parte de lo que se expresa e interpreta en las comunicaciones interpersonales. Muchos expertos y fuentes de estudio parecen coincidir en que al menos la mitad, hasta por lo menos el 80%, de todas las interacciones entre humanos son no verbales.

Así que, mientras que las estadísticas sobre el lenguaje corporal varían de acuerdo con las circunstancias, la gente comúnmente coincide en que la comunicación no es solo verbal, y que la comunicación no verbal es importante y crucial para la forma en la que interactuamos y nos entendemos unos a otros como seres humanos. Esto es particularmente cierto en las conversaciones que cuentan con una alta carga emocional.

Las señales no verbales, sus pistas y significados, son especialmente importantes cuando nos encontramos por primera vez con alguien. Nuestras opiniones sobre una persona nueva se generan durante los primeros segundos de interacción, y este juicio, primitivo e instintivo, se basa más en lo que sentimos y observamos sobre la persona, que en las palabras que ella decide utilizar.

<u>¿Realmente son tan importantes las primeras impresiones?</u>

Es probable que seas capaz de recordar situaciones donde tuviste una fuerte impresión sobre alguien incluso antes de escucharlo hablar, esto no es raro. Son nuestros instintos humanos trabajando, construidos durante miles de años de evolución. Como consecuencia de esta función, el lenguaje corporal es extremadamente influyente en la formación de tu primera impresión sobre la persona nueva que estas conociendo. El efecto funciona en ambos sentidos:

Cuando nos encontramos por primera vez con una persona nueva, el lenguaje de su cuerpo juega un papel fundamental en nuestra primera impresión sobre ella, en ambos niveles, consciente y subconsciente. Gran parte de esta reacción es instintiva y su control está más allá de nuestra mente consciente. Asimismo, cuando otra persona nos empieza a conocer, ya está formando su propia primera impresión y definiendo lo que siente sobre nosotros, principalmente basándose en nuestras pistas no verbales y en el lenguaje de nuestro cuerpo.

Más razones para ser consciente de este lenguaje:

Este mutuo intercambio de señales del lenguaje corporal continuará a lo largo de todas nuestras relaciones e interacciones con otras personas, lo que significa que es de enorme importancia tener conocimientos sobre este tema. Este lenguaje siempre está siendo intercambiado entre nosotros, ya sea que lo notemos o no, y muchas veces ocurre a un nivel que está muy por debajo de nuestras mentes conscientes. Tenlo en mente cuando estemos leyendo e interpretando las pistas no verbales de otra persona (consciente y subconscientemente), ya que ella está haciendo lo mismo que tu.

Los individuos que tienen mayor consciencia sobre la lectura del lenguaje no verbal de otros, usualmente tienen una ventaja competitiva sobre otras personas que solo logran notar lo que ven de manera superficial. La buena noticia es que puedes hacerte mejor en esto y transformar tu vida y tus relaciones personales. Cambiarás tu propia percepción, de un nivel subconsciente a uno consciente, gracias al estudio y la lectura sobre el tema, y después mediante la práctica de tus nuevos conocimientos en ti mismo y en las demás personas con las que interactúas.

Aquí hay algunas áreas específicas sobre las que puedes empezar a pensar y en las que enfocarte:

Expresiones faciales: Esta es un área integral cuando se trata de expresar sentimientos de manera no verbal. El movimiento de mejillas, labios, cejas, ojos, e incluso la nariz, se combinan para formar y transmitir un sinnúmero de expresiones.

Los estudios han demostrado que las expresiones de la cara y el lenguaje corporal van de la mano cuando se trata de interpretar sentimientos.

Expresiones faciales y corporales en experimentos:Experimentos en psicología conductual han probado que el reconocimiento de expresiones faciales puede ser fuertemente influenciado por lo que percibimos como expresiones del cuerpo. Esto significa que nuestro cerebro procesa las expresiones faciales y corporales de otras personas al mismo tiempo. Individuos analizados en experimentos sobre este tema mostraron un juicio acertado al leer emociones basadas únicamente en las expresiones de la cara.

Esto puede ser rastreado hacia el hecho de que la cara y el cuerpo son vistos comúnmente como uno solo en condiciones normales, lo que apunta a que las señales que representan emociones provenientes de ambos, el cuerpo y la cara, están completamente integrados y son fluidos.

Posturas del cuerpo:

Podemos detectar las emociones de otras personas mediante la postura de su cuerpo. Estudios han probado que la postura corporal es reconocida más acertadamente cuando un sentimiento puede ser comparado con otra emoción o con un sentimiento neutral.

Una postura Enojada VS Temerosa:Por ejemplo, un individuo que está molesto normalmente exhibiría dominancia sobre otra persona, y su postura mostraría una tendencia a la aproximación. En comparación con alguien que está experimentando temor, quien normalmente mostraría signos de sumisión y debilidad, haciendo que su postura muestre una tendencia a la evasión, una distinción opuesta a la anterior postura de un individuo enojado.

Lo que indica tu postura al estar sentado: Cuando una persona está sentada completamente hacia el espaldar de la silla e inclinando su cuerpo hacia el frente, asintiendo con la cabeza en respuesta a la conversación, puede implicar que esa persona esta relajada, abierta y en posición para escuchar.

Por el contrario, si un individuo tienes sus piernas y brazos cruzados mientras golpetea el piso con el pie débilmente, está demostrando que no está emocionalmente involucrado en la conversación y que se está sintiendo inquieto o impaciente.

Lo que indica tu postura al estar de pie: En una conversación que involucra personas levantadas, que un individuo permanezca con sus pies y brazos apuntando a la persona que está hablando, sugiere que está interesado y atento a lo que el hablante está diciendo.

En la otra cara de esta situación, una pequeña variación en la postura podría significar más de lo que parece. Si este mismo individuo tiene una de sus piernas cruzadas y pone el balance de todo el peso de su cuerpo sobre la otra, esto podría transmitir una actitud de informalidad.

Postura amplia y abierta: Unapostura corporalamplia y abiertatambién puede jugar un papel importante con respecto a los niveles de cortisol y testosterona en el sistema, generando ambos importantes efectos en el comportamiento de las personas.

Expresiones corporales:

Esta sección puede ser definida como los movimientos realizados por las partes del cuerpo, tales como cabeza, dedos, piernas, brazos y manos. Estos movimientos pueden ser voluntarios o involuntarios.

Expresiones con los brazos: Los gestos realizados con los brazos pueden ser traducidos de diferentes maneras. En medio de una discusión, uno puede estar sentado o de pie con los brazos cruzados, lo que generalmente indica que no estás en un estado de ánimo muy acogedor. Esto podría significar que el estado mental de un individuo es cerrado y que no está dispuesto a escuchar el punto de vista de la otra persona.

Otra posición de los brazos característica se observa cuando alguien cruza uno de sus brazos sobre el otro. Esta postura puede indicar un sentimiento de inferioridad, inseguridad o falta de confianza en sí mismo.

Expresiones con las manos: Cuando alguien usa muchos gestos con las manos, esto comúnmente indica que están en un buen estado de ánimo. Si la persona que está hablando tiene sus manos en una posición relajada, esto demostrará confianza en ella misma y un alto nivel de autoestima.

Si la persona tiene las manos apretadas, puede significar que se está sintiendo enojada o que está bajo estrés. Si no puede mantener quietas las manos o las aprieta continuamente, esto puede significar que se está sintiendo ansiosa o nerviosa.

Gestos con los dedos:Estos gestos son usados comúnmente como una forma de ejemplificar las palabras habladas, así como de denotar el estado de ánimo del individuo. En algunas sociedades, usar tu dedo índice para apuntar hacia algo es considerado inaceptable. Y en otras culturas, apuntar con el dedo índice puede ser considerado incluso un gesto ofensivo.

La mayoría de nosotros estamos familiarizados con el gesto de "pulgar arriba" como una señal de algo positivo. Pero en algunos países, esto puede ser considerado muy grosero y ofensivo, el equivalente a levantar el dedo medio en Estados Unidos.

El apretón de manos en la comunicación:

Todos conocemos los apretones de mano, un ritual usado para saludar, conocer, extender tus felicitaciones a otrosy más. Este ritual puede ser un buen indicador del nivel de confianza o emocional de la persona a la que le estas apretando la mano.

Tipos de apretones de mano: Las investigaciones han demostrado que hay diversos estilos de apretón de manos, incluyendo el apretón de dedos, el demoledor de huesos (cuando alguien sujeta demasiado fuerte), el sacudidor de extremidades (que involucra una leve sacudida), y más.

Diferencias y significados entre cultura y cultura: En los Estados Unidos, esta forma de saludar es apropiada y normal entre mujeres y hombres. Sin embargo, en algunos países islámicos, los hombres no tienen permitido saludar o incluso tocar a las mujeres. En algunos países hindús los hombres no tienen permitido saludar a las mujeres y en cambio, deben saludar realizando una expresión de plegaria.

Otros movimientos físicos en el lenguaje

<u>corporal:</u>

Además de los métodos conocidos para distinguir el lenguaje corporalantes mencionados, existen otras formas menos obvias de leer a los que te rodean. Por ejemplo, si notas que alguien tapa su boca con las manos, puede estar experimentando la urgencia de suprimir sus sentimientos o sintiéndose indeciso. Esto también puede señalar que el individuo está inmerso en un pensamiento oque no está seguro de cómo continuar la conversación.

Lo que dejas ver mediante tus señales no verbales y tu lenguaje corporal afectará la forma en la que otros te perciben, cuánto te respetan y aprecian como persona, y cuánta confianza tienen en ti (si es que la tienen). Muchas personas están enviando constantemente señales corporales negativas o confusas sin saberlo. Desafortunadamente para ellos, ambas, confianza y conexión, pueden sufrir como resultado de esta falta de consciencia.

El lenguaje corporal trata sobre más que la forma en la que nos movemos:

Los movimientos no verbales del cuerpo pueden involucrar más que solo expresiones, movimientos de los brazos o de los dedos. Esta área puede potencialmente cubrir los siguientes y más:

Cómo esperamos:Esto puede involucrar

cualquier cosa, desde nuestra postura a la forma en la que cruzamos o no los miembros, o incluso cuánto espacio ocupamos al sentarnos o permanecer de pie.

Cuánto nos acercamos a otros:El espacio que dejamos entre nuestro propio cuerpo y el de los demás tiene mucho que ver con nuestro lenguaje corporal.

El movimiento y enfoque de nuestros ojos:La forma en la que enfocamos nuestros ojos, cuán seguido pestañeamos y hacia donde miramos cuando estamos hablando o no, juegan todos un papel importante en nuestro lenguaje corporal y en la comunicación no verbal en general.

La forma en la que nos tocamos a nosotros mismos y a otros:Algunas personas se sienten cómodas tocando el brazo de la persona con la que están hablando, o tienen la tendencia a frotar su propio brazo mientras hablan. Todo esto juega un papel en el lenguaje no verbal.

Cómo nos manejamos o conectamos con objetos ajenos:La manera en la que manejamos nuestro cuerpo con relación a otros objetos, como cigarrillos, lentes de sol, bolígrafos o ropa, todo juega un rol en la forma en la que nos comunicamos de manera no verbal.

Nuestra sudoración y pulso: Son otras

acciones físicas que son menos notables pero también pueden tener un papel importante en el lenguaje de nuestros cuerpos.

¿Qué es lo que no se considera como parte del lenguaje corporal?

Existen también áreas que algunos consideran están separadas del lenguaje corporal, como las pausas en el discurso, el volumen de la voz y la entonación. Mucho puede ocurrir en estas que podríamos obviar si solo pensamos en la comunicación verbal y las típicas y limitadas definiciones de comunicación no verbal y lenguaje corporal.

El tipo o tono de voz utilizado y otras

señales auditivas no siempre son considerados como parte del lenguaje corporal debido a que son verbales en vez de visuales o físicas. En la misma corriente, el pulso y la respiración son generalmente excluidos de las definiciones oficiales de comunicación no verbal, pero de igual forma juegan un papel importante en el lenguaje corporal.

Por qué deberías prestar atención a estas señales de igual manera:

A pesar de lo anterior, la forma en la que una persona usa su voz, es un una parte significativa y muchas veces inconsciente de la forma en la que se comunica, y puede brindar un mayor entendimiento sobre sus emociones subyacentes y pensamientos. Los latidos de una persona y la forma en la que respira también pueden decirnos mucho sobre lo que realmente está pensando o sintiendo. Por estas razones, lo más sensato es incluir estos factores en nuestra lectura de la comunicación no verbal y del lenguaje corporal.

Cómo los ojos contribuyen al entendimiento y la evaluación entre personas:

Esto puede resultar obvio, pero los ojos representan un importante aspecto de la comunicación no verbal. La forma en la que reaccionamos a los ojos de otras personas, por ejemplo, sus expresiones, enfoque y movimientos, y su reacción a los nuestros, juega un importante rol en la forma en la que nos evaluamos mutuamente. También puede contribuir enormemente a nuestro entendimiento mutuo en ambos niveles, consciente y subconsciente.

Usando palabras no habladas, muchas emociones pueden ser expresadas con solo una mirada. El evento conocido, ilustrado en incontables trabajos de ficción, de dos extraños cruzando sus miradas a través de una habitación, no solo es una elegante idea romántica; está basado en ciencia sólida que involucra el poder de la comunicación entre seres humanos a través del lenguaje corporal.

La evolución del lenguaje y cómo utilizarlo:

Los efectos listados anteriormente y otros ejemplos dados en este libro, representan una parte de lo que realmente significa ser humano, desde incontables siglos. Nuestros cuerpos y sus reacciones hacia otros se han ido desarrollando por tanto tiempo que han alcanzado un grado de complejidad que está más allá de nuestra propia comprensión.

A pesar de que la mayoría de nosotros toma este hecho por sentado o incluso ignoramos los fenómenos que lo rodean, todos podemos aprender a reconocerlos si lo intentamos y nos concentramos. A continuación se presentan algunas formas para aumentar nuestra consciencia sobre este lenguaje silencioso:

Sintiendo las interacciones en vez de escucharlas: Es fácil quedar atrapado en las palabras cuando se interactúa con otras personas, pero se puede cosechar gran sabiduría del aprendizaje sobre cómo identificar las señales encontradas más allá del discurso. Esto se relaciona con involucrar a las partes más intuitivas de nuestra mente en la conversación.

Manteniendo el sentimiento en tu mente mientras conversas: Una manera de asegurarte de que tus verdaderos pensamientos y emociones estén siendo transmitidos mientras interactúas, es sentir completamente y encarnar el pensamiento que quieres expresar. Esta es una gran forma de convertirte en un comunicador más efectivo y de tomar el control de tu propio lenguaje corporal.

Viendo películas con sin audio: Aunque pueda sonar extraño, esta es una buena manera de mejorar en la lectura de emociones, libre de la distracción verbal. La próxima vez que estés viendo una película o programa, silencia la televisión y observa cuán acertadamente puedes adivinar los sentimientos de las personas en pantalla. Después, puedes volver a ver el episodio o película para evaluar tu desempeño.

La manera en la que interpretamos este

lenguaje inaudible, especialmente las expresiones de los ojos y la cara, está incorporado en nosotros instintivamente, y con sólo un poco de autoconsciencia, podemos estar más atentos a las señales que son constantemente intercambiadas entre nosotros. Esto incluye, tanto las señales que nosotros transmitimos, como las que observamos en aquellos que nos rodean. Practicar esta forma de arte nos dará una gran ventaja en muchos aspectos de nuestras vidas, tanto a nivel personal como profesional.

<u>Aprender sobre esto nos ayuda a entendernos a nosotros mismos y a desarrollar autocontrol:</u>

Muchas personas tienen problemas

controlándose a sí mismas o para darse a entender. Esto tiene mucho que ver con no estar al tanto de tus propias señales, ni con la forma en la que son entendidas por los demás. Mientras más esfuerzo pongamos en entender los significados tácitos en las palabras y acciones de los demás, más podremos aprender sobre nosotros mismos.

Una vez que empecemos a entender mejor la comunicación no verbal, seremos capaces de mejorar y refinar lo que nuestro propio cuerpo está constantemente diciendo a los demás. Este cambio generará una fuerza personal positiva en la forma en la que nos desempeñamos, cómo nos sentimos en el día a día y en las cosas que somos capaces de lograr. También nos ayudará a tener mayor influencia sobre otras personas.

Capítulo 3: Evolución y Naturaleza

La comunicación no verbal es una parte innegable de la evolución de nuestra especie, pero surge la duda sobre cuáles cualidades son heredadas y cuáles son desarrolladas a lo largo de nuestras vidas. Ésta es una pregunta planteada sobre muchos otros aspectos de la conducta humana y sobre la existencia en general, y que representa una parte importante de lo que tienes que descubrir sobre lo que el lenguaje corporal significa para ti.

El aspecto Naturaleza VS Crianza del lenguaje corporal:
¿Cuáles partes de este lenguaje no verbal vienen de la genética y cuáles fueron

condicionadas en nosotros? Puede que nunca lleguemos a saber con seguridad, y existen incontables opiniones que difieren sobre el tema. Este debate se extiende hacia muchos años atrás y ha continuado hasta nuestros días, completado por el hecho de que ha habido investigaciones científicas que prueban que la naturaleza es responsable por el desarrollo de nuestro lenguaje corporal, mientras que otras prueban que la crianza tiene mayor responsabilidad en el proceso.

Esta pregunta se hace aun más complicada cuando nos detenemos a considerar la habilidad innata en los humanos de aprender a desarrollar y a leer pistas no verbales. La mejor respuesta que podemos encontrar a esta duda, es que ambas, naturaleza y crianza, son responsables. El lenguaje corporal se origina parcialmente en nosotros desde el momento en que nacemos (naturaleza), particularmente en formas muy especificas, pero también proviene de la forma en la que nos enseñan y condicionan desde pequeños (crianza). Mientras que ciertos estilos de comunicación no verbal están definitivamente grabados en nuestros genes y son expresados indistintamente por todos los individuos, otros aspectos de este lenguaje definitivamente no lo son.

El reconocimiento y uso de expresiones fundamentales de la cara, son considerados ahora un estándar para todas las personas. Esto significa que son genéticamente definidas, consistentes e iguales para todas las personas sin importar el lugar en el que nacen o viven. Sin embargo, el reconocimiento y uso de movimientos físicos menos obvios y definidos (como el pestañeo de los ojos o el movimiento de las manos) y la forma en la que las personas manejan su espacio personal, son considerados como comportamientos condicionados.

Esto significa que la forma en la que las personas desarrollan estos movimientos tiene más que ver con la influencia del ambiente que le rodea, que con las tendencias con las que nacieron. Estas expresiones dependen fuertemente de la cultura y los grupos sociales, y difieren ampliamente de un lugar a otro y de una persona a otra.

Hay ciertas variaciones en el discurso, junto a los patrones de entonación de la voz, que también pertenecen a esta categoría de aprendido y dependiente del entorno. Sin embargo, esto solo aplica si consideras el lenguaje corporal como todo lo que subyace a los métodos de comunicación verbales.

Como resultado de estos hallazgos, podemos asegurar que la comunicación no verbal (es decir, la recepción y emisión consciente y subconsciente de movimientos pertenecientes al lenguaje corporal), está parcialmente determinada por la genética, y es parcialmente aprendida por nosotros. Por lo tanto, corresponde a ambas, naturaleza y crianza. Este es un hecho importante a considerar por cualquiera que quiera entender en su totalidad lo que esta ciencia realmente representa y cómo utilizarla para mejorar su vida.

El lado más confuso de la comunicación no verbal:

Las perspectivas evolucionarias sobre el tema del lenguaje corporal son tan numerosas como intrigantes, en lo referente al propósito de este lenguaje y a la forma en la que debe ser usado. Algunos incluso abusan de este conocimiento, lo que incrementa la necesidad de estar atento a las pistas no verbales y a lo que ellas significan.

Muchos seres humanos tienen el hábito de mentir, aparentar y manipular. Algunos incluso afirman que la naturaleza humana es actuar de esta manera, a pesar de que el resto de las personas no lo hagan seguido. Por incontables razones, hay individuos que tienen la tendencia, frecuente e intencional, de esconder sus verdaderos pensamientos y emociones. Nos acostumbramos a esperar esto de los demás, y como resultado, hacemos lo mejor posible para imaginar lo que siente en su interior la persona con la que estamos hablando. Esta necesidad de verdaderamente entender lo que está más allá de nuestras mascaras sociales se hace más intensa de acuerdo a la importancia que le damos a una relación.

Más beneficios de esta función evolutiva:

El lenguaje tácito y no verbal puede ayudar a protegernos de esa necesidad y a controlarla, especialmente cuando se trata de una cita o de coquetear. Saber cómo leer este lenguaje también puede ayudar a las personas a comunicarse mejor, o a resolver problemas en sus relaciones personales, cuando la conversación y las acciones conscientes fallan en completar la tarea.

Este lenguaje ha sido desarrollado por

nuestros cuerpos a pesar de la inteligencia de nuestra mente consciente y de nuestro propio conocimiento como seres humanos, y puede ayudar a protegernos, a conectarnos con mentes similares a las nuestras, e incluso a cuidar fundamentalmente de nosotros. Esto ocurre tanto si lo notamos como si no, pero ser consciente de ello (tanto en nosotros mismos como en los demás) es la mejor manera de aprovechar este poder para obtener los resultados que deseamos.

El lenguaje corporal en la historia humana:
La importancia del lenguaje no verbal en la administración, las relaciones personales, y la comunicación en general, la han convertido en una ciencia dominante y en

un tema de interés general en años recientes. A pesar del amplio interés en este fenómeno como algo relativamente nuevo, hemos estado dependiendo de estas señales de manera instintiva durante incontables siglos.

Mirando hacia atrás, podemos apreciar la necesidad de interpretación del lenguaje corporal en los jugadores de póker del Lejano Oeste de los Estados Unidos de América. Aquellos capaces de ganar la partida debían ser hábiles en el manejo de un revolver de seis tiros, además de ser conscientes de sus propias señales no verbales y de las de las personas con las que jugaba. Incluso antes de eso, los líderes de las tribus y los exploradores necesitaban conocer o saber interpretar las señales no verbales que identificaban a enemigos potenciales, lo que les daba la habilidad de saber en quien confiar, a quien debían atacar o de quien debían defenderse.

Podemos ampliar aun más nuestra visión,hacia nuestros ancestros de la era de los cavernícolas, quiénesdefinitivamente tenían la necesidad de leer acertadamente las señales no verbales de los demás, debido al hecho de que el lenguaje hablado aún no existía, o al menos no que nosotros sepamos. Nuestros antiguos antepasados también tenían que aprender a interpretar los movimientos y el lenguaje no verbal de los animales, así como los animales tuvieron que aprender a leernos a nosotros. Aunque los humanos obviamente teníamos la ventaja en este tema.

Los jinetes de caballos, pastores y entrenadores de animales, eran incluso más hábiles de lo normal al momento de leer el lenguaje corporal de los animales, y aun hoy en día lo son. Saber leer las pistas no verbales y el lenguaje corporal, incluyendo los pensamientos y sentimientos subyacentes, está codificado en nuestros genes. Si no tuviéramos esta habilidad innata, sería altamente improbable que nuestra especie hubiese sobrevivido hasta la actualidad.

Diferenciasen la lectura del lenguaje corporal entre hombres y mujeres:

Cuando se trata de la lectura del lenguaje corporal, las mujeres tienen ventaja en su recepción e interpretación en comparación con los hombres. Esto se podría deber a razones evolucionarias, ya que las mujeres tuvieron que desarrollar fuertes habilidades de lectura del lenguaje corporal para compensar una mayor vulnerabilidad física que la de los hombres. Esto se extendía a la protección de su propia descendencia, para lo que necesitaban tener una alta percepción al momento de leer las señales de peligro en otras personas. Las mujeres en la actualidad no son tan vulnerables físicamente como en el pasado, pero aun así sus habilidades comúnmente sobrepasan a las de los hombres. Esto significa que las mujeres pueden utilizar más efectivamente el lenguaje corporal para enviar y recibir señales que los hombres.

En promedio, las mujeres son más empáticamente sensibles que los hombres, lo que tiende a ir acompañado con una mayor capacidad de atención para percibir el lenguaje corporal. Dejando a un lado las diferencias entre ambos géneros, hombres y mujeres con altas habilidades empáticas, son mucho mejores al leer las señales corporales de otras personas.

Capítulo 4: Factores que pueden afectar la interpretación

La comunicación no verbal es interpretada en un nivel instintivo por todos los seres humanos hasta cierto punto, pero el tema es definitivamente más complejo que solo eso. Esto no es una sorpresa cuando te detienes a considerar que el cuerpo humano puede llegar a producir un promedio de 700.000 movimientos únicos. Debido a que hay un alto potencial de confusión al leer las señales no verbales de otras personas, a continuación listamos algunas cosas que debes considerar cuando intentes interpretar el lenguaje corporal de alguien:

El contexto de la situación:

Este tipo de lenguaje está altamente influenciado por el contexto de la situación, lo que quiere decir que las pistas no verbales en un escenario pueden significar algo muy diferente en otro. Aquí hay algunos ejemplos:

- Si alguien se rasca la nariz, usualmente se asume como una señal de que está mintiendo. Sin embargo, podría simplemente sentir comezón.
- Si alguien tiene sus brazos cruzados, normalmente asumimos que está a la defensiva, pero también podría hacerlo simplemente para calentarse a sí mismo.
- Si alguien frota sus ojos, podría

realmente estar buscando alivio a alguna forma de irritación, en vez de sentirse molesto o incrédulo.

Determinar si tienes suficientes evidencias o ejemplos:

Una señal del lenguaje corporal por sí sola no es tan confiable como la unión de muchas. Los grupos de señales pueden dar una indicación mucho más clara de su verdadero significado o sentimiento, que sólo un par de señales. Cuando intentes leer el lenguaje corporal de otro, deberías:

- Evitar concentrarte demasiado sólo en la señales.
- Buscar múltiples señales que, combinadas, apoyen una conclusión

más genuina y confiable.
- Evitar sacar conclusiones a partir de señales que parecen estar mezcladas o que indiquen cosas opuestas.

Etniasy Culturas:

Algunas señales del lenguaje corporal son universales, como fruncir el ceño o sonreír, pero otros son relevantes solo para ciertos grupos étnicos o culturas. Ser consciente de las diferencias que existen en el lenguaje corporal entre diferentes culturas se está haciendo cada vez más importante, porque en la actualidad estas se han ido mezclando cada vez más.

Las preferencias en el espacio personal (la distancia que debe existir entre dos personas para que ambas se sientan cómodas) varían ampliamente entre individuos de diferentes culturas.

<u>El género y la edad juegan un importante papel en cómo es interpretado nuestro lenguaje corporal:</u>

Muchas señales no verbales del lenguaje corporal son altamente relativas y difieren dependiendo de las características o cualidades de una persona. Las expresiones de una persona en un escenario en particular pueden tener un mayor un menor significado en comparación con un movimiento similar usado por alguien diferente en otro contexto. Aquí hay algunos ejemplos de cómo distintas personas pueden presentar lenguajes corporales que difieren entre sí:

- Los hombres jóvenes son menos cohibidos, poseen gran cantidad de energía natural y como resultado de ello, comparten expresiones más exageradas.
- En comparación, las mujeres mayores tienden a contar con menos energía, en consecuencia, usan expresiones y posturas menos pronunciadas.
- Así que cuando estés intentando evaluar las señales no verbales de alguien, particularmente la intensidad de los significados que se esconden tras ellas, deberías tener en mente que estas cosas son usualmente relativas y que dependen de a quien estás

observando.

Engaño o pretensión:

Indudablemente llegarás a encontrarte con personas que controlan sus movimientos de manera artificial, para crear una falsa impresión con un propósito específico. Algunas señales que pueden ser fácilmente falsificadas son:

- Hacer contacto visual directo.
- Dar un apretón de manos firme y confiado.

Estas señales pueden ser fácilmente falsificadas, pero usualmente solo por cortos periodos de tiempo. Es posible, sin embargo, ser consistente en su falsificación. Pero aunque seas capaz simularlas, es imposible para un individuo suprimir o controlar el resto de las pistas ofrecidas por su lenguaje corporal. Esto, entre otras cosas, es un buen factor a considerar cuando analizamospistas solitarias del lenguaje corporal, al mismo que buscamos todas las demás señales posibles. Si sospechas de señales falsas puedes buscar por las siguientes:

- Contracciones en las pupilas.
- Levantamiento de las cejas.
- Contracción de los labios.

Estas microexpresiones pueden ser invaluables para comprender el verdadero motivo detrás de las señales falsas que se están transmitiendo. Debido a que estos movimientos son generalmente minúsculos, difíciles de identificar y realizados de manera inconsciente, no pueden ser controlados, lo que los hace extremadamente útiles al observar a otros.

<u>Señales de inseguridad, nerviosismo o aburrimiento:</u>

Algunas pistas no verbales señalan emociones negativas como la inseguridad, la ansiedad, el desinterés o el aburrimiento. Puede ser tentador notar esas señales y saltar a la conclusión de que esa persona tiene una debilidad. Sin embargo, deberías considerar la situación antes de saltar a una conclusión como esa, especialmente si estas en un ambiente laboral.

Muchas veces, es la situación en particular, en vez del individuo, lo que está causando que las señales aparezcan. Aquí hay algunos ejemplos de situaciones que podrían producir señales y emociones negativas en personas que de otro modo se sentirían fuertes y confiadas:

- Estrés relacionado con su situación actual.
- Demasiado aprendizaje o conocimiento adquirido a la vez.
- Agotamiento o cansancio en general.
- Calor o frío extremos.
- Sentirse cansado o hambriento.
- Una discapacidad o enfermedad.

- Encontrarse bajo la influencia de alcohol o drogas.
- Cambios, una nueva situación, o falta de familiaridad.

<u>Cuando analices las señales de alguien, pregúntate:</u>

¿Qué situaciones podrían estar jugando un papel en la condición o el humor de la persona que estoy observando?

¿Qué factores podrían estar teniendo un efecto en mi prisa por sacar conclusiones sobre esa persona?

Es muy importante no apresurarte a ti mismo a sacar conclusiones, especialmente las que puedan reflejarse negativamente sobre la persona que está siendo observada, cuando estés analizando el lenguaje corporal de alguien.

Capítulo 5: Traduciendo el Lenguaje Corporal

Cuando estés observando las señales no verbales de alguien en busca de significados y emociones, ten en mente que una seña aislada no necesariamente significa algo en particular. Los grupos de señales son más confiables al descifrar el estado interno de una persona. Este libro tiene la intención de proveer una guía general, más que ser una manera objetiva de juzgar a otros. El lenguaje corporal es sólo uno de los muchos indicativos que hay sobre el motivo, el significado o el humor de un individuo.

Cosas a tomar en cuenta sobre la lectura

del lenguaje corporal:

Esta es una ciencia nueva e inexacta, lo que debería ser considerado al emplearla. Ninguna señal particular es suficiente para indicar de manera confiable y objetiva el estado emocional o mental de una persona.

El verdadero entendimiento de la comunicación no verbal tiene que ver con la interpretación de múltiples señales que son consistentes entre sí, para indicar o apoyar una asunción específica o creencia.

Traducción de las señales no verbales:

Los ojos: Los ojos son una de las pistas más especiales y reveladoras que podemos transmitir y recibir mediante el lenguaje corporal. Todos nosotros podemos leer los ojos de las demás personas, aún sin serconscientes de ello, del por qué o del cómo, y esta cualidad parece ser algo con lo que nacemos. Incluso al mirar a alguien que se encuentra muy lejos, podemos notar si esa persona esa haciendo contacto visual con nosotros.

Sorprendentemente, somos capaces de descifrar si alguien se está enfocando en nosotros, podemos notar claramente la diferencia entre una mirada en blanco, concentrada, furtiva o incomoda. Ya sea que podamos describir, o no, éstas miradas con palabras, las reconocemos al instante y somos conscientes de sus significados.

También debemos tomar en cuenta los párpados, cuán flexibles son nuestros ojos al cerrar y abrir, y la habilidad de nuestras pupilas para contraerse y expandirse. Cuando pensamos en todos estos factores, no es extraño haber llegado a comunicarnos de una manera tan efectiva solo con la mirada.

(Los siguientes ítems aplican para los lados, izquierdo y derecho, del individuo que produce las señales mediante expresiones)

- Ojos mirando a la derecha: Cuando los ojos de alguien miran hacia la derecha, esto señala que su cerebro está creando o imaginando algo. Esto es debido a que el lado derecho es el que controla los sentimientos y la creatividad. Si alguien está mirando a la derecha mientras habla sobre datos concretos, podría significar que está mintiendo. Por otro lado, también podría señalar que está especulando, hablando hipotéticamente o produciendo una suposición.

- Ojos mirando a la izquierda: Cuando los ojos de alguien miran hacia la izquierda, normalmente significa que esta recordando o evocando algo y que está siendo sincero sobre lo que dice. El lado izquierdo del cerebro controla las memorias y los hechos.

La boca: La boca humana está involucrada

en un gran número de señales no verbales, lo que probablemente no sea una sorpresa debido a la cantidad de funciones que realiza. La boca obviamente es responsable por la comunicación verbal, pero también de funcionescomo la alimentación desde tempranas edades, y en etapas posteriores de nuestras vidas se conecta psicológicamente a las emociones del amor, el sexo, la sensación de seguridad y o la falta de ella.

La boca es una parte importante del lenguaje corporal porque:

- La boca de una persona puede ser ocultada o tocada por sus propias manos o dedos, y tiene un alto grado de flexibilidad, haciéndola una importante y expresiva porción de la cara.

- La boca juega un papel un papel importante en las expresiones faciales. También posee gran variedad de porciones movibles en comparación con otras partes del cuerpo, lo que le provee un mayor potencial y variedad de señales diferentes.

- Los oídos y la nariz solo pueden ser involucrados en el lenguaje corporal a través de los dedos o las manos, pero la boca de una persona puede actuar y ser observada por sí sola.

- Gran parte de la comunicación no verbal es sobre sonreír. Si una sonrisa es real, es simétrica e incluye también los ojos, pero si una sonrisa es falsa, solo involucra la boca.

La cabeza en la comunicación no verbal: Nuestra cabeza es una parte significativa del cuerpo para la comunicación no verbal. Nuestra cabeza tiende a determinar la dirección de nuestro cuerpo y a liderar nuestras emociones, pero esta área central también es vulnerable y de vital importancia, debido a que hospeda a nuestro cerebro. Esta parte de nuestros cuerpos es también usada para demostrar aprobación o desacuerdo, así como en el lenguaje corporal correspondiente a la autopreservación y autodefensa.

Debido a que la estructura del cuello es

altamente flexible, tu cabeza puede moverse hacia adelante, girar hacia los lados, echarse atrás, inclinarse hacia adelanteo hacia atrás, cada uno de esos movimientos tiene un significado, lo que puede ser entendido cuando los consideramos en conjunción con otras señales del lenguaje corporal. Aquí hay algunas otras razones de la importancia de la cabeza como parte del lenguaje corporal, a las que vale la pena prestar atención:

- Posee una cara, nariz, oídos, ojos y cabello, lo que genera un efecto más complicado y visible sobre sus músculos. Más que en cualquier otra parte del cuerpo humano.

- Nuestra cabeza está siempre enviando mensajes, consciente o inconscientemente, especialmente cuando la usamos en combinación con nuestras manos, haciéndola un medio dinámico de la comunicación no verbal.
- Nuestras caras, junto a nuestras manos, son los medios más efectivos para transmitir las señales del lenguaje corporal.

Las manos: El lenguaje corporal de nuestras manos es amplio y variado, porque representan una parte del cuerpo altamente expresivaque frecuentemente interactúa con las demás, generando señales todo el tiempo. Éstas tienen más nervios conectándolas con el cerebro que todas las demás partes del cuerpo. Las manos son partes expresivas y flexibles, por ello tiene sentido que puedan ser usadas tan frecuentemente para comunicar expresiones intencionales y conscientes, así como para desarrollar una gran cantidad de gestos furtivos que apuntan a pensamientos ocultos y a sentimientos guardados en nuestro interior. Un oído o la nariz por sí solos, no aportan mucho al señalar emociones, pero si añades un dedo o una mano a la mezcla, las posibilidades incrementan y muy posiblemente representen algún tipo de comunicación de lenguaje corporal.

A continuación se detalla para qué son utilizadas generalmente las manos en el lenguaje corporal:

- Para ilustrar: Las manos pueden ser usadas para crear formas en el aire, dibujar imágenes, dar una pista sobre el tamaño de algo y describir actividades mediante gestos, como una llamada telefónica.
- Para dar o incrementar el énfasis: Los movimientos de las manos pueden proveer de más énfasis a un discurso al usar movimientos similares al decortar, golpear o apuntar.
- Para representar señales:Algunos ejemplos de esto son gestos como el de los pulgares levantados, que pueden servir para señalar que todo está bien, o incluso interpretarse como una señal

ofensiva.
- Para saludar o despedir a otros:Muchos de nosotros saludamos con la mano al llegar a un lugar y lo hacemos nuevamente al despedirnos.
- Movimientos inconscientes: Además de los casosanteriores, se pueden inferir muchas otras cosas a partir de las señales representadas por nuestras manos de manera inconsciente. Esto puede incluir la manera en la que alguien interactúa con otras partes de su propio cuerpo, con un cigarrillo o con un bolígrafo, por ejemplo. Estos movimientos no verbales pueden significar cualquier cosa, desde expectativa a engaño, o duda, o incluso un estado mental más abierto.

Los expertos en lenguaje corporal están normalmente de acuerdo en el hecho de que las manos son la parte más expresiva del cuerpo utilizada en la comunicación no verbal, aparte de la cara. Mucha información puede ser obtenida del estudio de los movimientos de las manos de una persona, específicamente cuando son observadas en combinación otras señales del lenguaje corporal, como su postura, sus expresiones o su manejo del espacio personal.

Capítulo 6: ¿Cómo ayuda la meditación al lenguaje corporal?

La meditación te hace estar más atento a todo, incluyendo tus propias señales no verbales y las de aquellos que te rodean. Además, la meditación es una práctica útil para muchas otras áreas de la vida. Lo que hace es ayudarte a ser más consciente de tus propios patrones mentales al ayudarte a detallarlos por separado. Esto quiere decir que serás menos propenso a la distracción generada por la turbulencia de tu mente, lo que elevará tu nivel de concentración en la forma en la que tratas a las personas y también en las señales que esconde su lenguaje corporal.

La meditación te ayudará con el lenguaje corporal al:

- Silenciar tu mente y acercarte más a tu propia voz interior e intuición, lo que es especialmente útil en la comunicación no verbal.
- Ayudarte a leer las pistas en aquellos que te rodean. Sus señales pueden llegar a hacer más claras para tu mente, debido a que estará menos desordenada y ruidosa.
- Aumentar tu confianza en ti mismo, haciéndote más seguro de ti mismo y consciente de las señales que transmites a los demás.
- Incrementar tu confianza en la interpretación de señales de

comunicación escondidas en tus conversaciones con otros.

Todos estos beneficios y más estarán disponibles para ti cuanto establezcas una práctica regular de meditación. Ahora, ahondaremos en algunas formas en las que puedes empezar a beneficiarte de esta maravillosa e invaluable actividad.

Diferentes tipos de meditación y cómo utilizarlos:

Hay incontables tipos de meditación que puedes intentar, y diferentes tipos funcionan para diferentes personas. Aquí hay algunos ejercicios de meditación que puedes probar para determinar cual funciona mejor en ti:

Meditar sentado:Es quizás la forma más conocida y utilizada, meditar sentado involucra cerrar tus ojos y permanecer inmóvil por un periodo de tiempo determinado. Puedes empezar este ejercicio sentado sobre un cojín con las piernas cruzadas, hacia el espaldar de una silla con los pies tocando el suelo, o arrodillado. Lo que más importa es que encuentres una posición con la que te sientas cómodo.

Conclusión

¡Gracias de nuevo por descargar este libro! Espero que sea capaz de ayudarte a entender cómo nuestra comunicación, como seres humanos, tiene tan poco que ver con las palabras. Nos comunicamos constantemente, ya sea que lo notemos o no, y hacernos conscientes de esto nos ayudará no solo a entender mejor a otros, sino a expresarnos más efectivamente a nosotros mismos.

El siguiente paso es usar la información que has obtenido de este libro para hacerte un mejor comunicador en ambos sentidos, tanto en la lectura como en la transmisión de mensajes.

¡Gracias y buena suerte!

www.ingramcontent.com/pod-product-compliance
Lightning Source LLC
Chambersburg PA
CBHW072009070526
44583CB00015B/1402